Martin Mosebach
Stadt der wilden Hunde

Nachrichten aus dem alltäglichen Indien

Carl Hanser Verlag

Der Autor dankt dem Goethe-Institut Delhi
für die Gastfreundschaft

1   2   3   4   5   12   11   10   09   08

ISBN 978-3-446-23026-2
Alle Rechte der deutschen Ausgabe:
© Carl Hanser Verlag München 2008
Satz: Fotosatz Reinhard Amann, Aichstetten
Druck und Bindung: Friedrich Pustet, Regensburg
Printed in Germany

Bikanir (Bikaner), britisch-ind. Vasallenstaat in Radschputana, zwischen 27° 12' – 30° 12' nördl. Br. und 72° 15' – 75° 30' östl. L., 57, 859 qkm, mit (1891) 831,955 Einw. Das Land gehört im N. und NW. zur Tharwüste, der Süden und Südosten besteht aus öden Sandflächen, nur die bewässerte Nordostecke ist fruchtbarer. Die Sommer sind sehr heiß, die Winter sehr kalt. Man zieht treffliche Pferde, Rinder, Schafe und Kamele. Der Maharadscha unterhält 2700 Soldaten mit 10 Geschützen. Die Staatseinnahmen betragen 102,000 Pfd. Sterl. Die Hauptstadt B., in dürrer Ebene, hat eine starke Mauer, deren Türme ein mächtiges Fort überragt, mit dem Palast des Maharadscha, 13 Hindutempel, 14 Moscheen, ein College, 7 Dschainaklöster, Fabrikation von berühmten Zuckerwaren und Wollendecken und (1901) 53,071 Einw. (meist Hindu).

Meyers Großes Konversations=Lexikon
Sechste Auflage, 1903

Bikaner, Stadt im Bundesstaat Rajasthan, NW-Indien, im Trockengebiet der Thar, 529 000 Ew.; Museum, Bibliothek (alte Schriften); elektrotechn., Glas-, Woll- und Zigarettenindustrie, Teppichwebereien, Töpferei und Lederverarbeitung; ehem. wichtiger Karawanenort im Transasienhandel. – Palast- und Festungsanlage Junagarh Fort aus dem 16.–20. Jahrhundert. – 1488 gegr., wurde B. Mittelpunkt eines von Rajputen beherrschten Fürstenstaates, der 1818 unter brit. Oberhoheit, 1949 zum ind. Staat Rajasthan kam.

Brockhaus Enzyklopädie
Zwölfte Auflage, 2006

Für Dinesh und Alka Pathak
in Dankbarkeit und Verehrung

Der stinkende Gürtel

Zu den großen Riten gehören stets die kleinen. 1977 habe ich in Venedig einen braunen Rindsledergürtel gekauft, mit einer vernickelten Schnalle, wie ein simpler Kofferriemen. Daß ich da einen besonderen Gürtel gefunden hatte, erkannte ich erst, als sein Leder schließlich mürbe wurde und an den Löchern einriß. Nirgendwo war ein solch einfacher Gürtel zu finden. Immer war das Leder geprägt, geflochten oder lackiert, gesteppt, gepolstert oder in delikate Farben getaucht, nur niemals ein natürliches helles Rindsleder, das sich im Gebrauch allmählich tief dunkelbraun färbte und vom Tragen zu einem milden Glanz poliert wurde. Von der Schnalle ganz zu schweigen: Es gab offenbar nur noch besondere, keine archetypischen Schnallen mehr, nur noch entworfene, vom Geschmack des Industrie-Designers gezeichnete Schnallen; die anonyme Schnalle, die am Anfang allen Schnallenwesens stand, war ganz aufgegangen in der Vielfalt. Schnallen in jeder erdenklichen Form und Verformung, silbrig oder gar golden bedampft; aber meine Individualität forderte die unindividuelle Gürtelschnalle. 1994 zerriß im belagerten Sarajevo der Gürtel an zwei Stellen; wie den Schwanz der fliehenden Eidechse hielt ich, als ich ihn mir um den Leib zog, unversehens ein Stück in der Hand. Im alten türkischen Basar der Stadt, der, wahrscheinlich für die Olympiade, gründlich restauriert und aufgehübscht worden war mit seinen ebenmäßigen Ladenreihen, fand ich den einzigen Schuster, der im dritten Jahr der Belagerung sein Ge-

7

schäft noch fortführte, »gelegentlich«, wie er sagte. Er schnitt mir einen neuen Gürtel nach dem Vorbild des alten und setzte die bewährte Schnalle ein. Siebzehn Jahre hatte der venezianische Gürtel gehalten; der bosnische brach schon nach knapp zwölf Jahren auseinander. Das Leder wird nicht besser in Kriegszeiten, der Basarschuster war an keine haltbare Ware mehr gekommen.

Ich war davon überzeugt, in Indien, dem Land ungebrochener Handwerkstradition, ohne Mühe einen Sattler zu finden, der mir einen neuen Gürtel unter Verwendung der alten Schnalle machte, aber es war nicht so. An Gürteln herrschte kein Mangel, bündelweise hingen sie an den Buden der Straßenhändler, aus gestepptem Kunstleder und mit Prachtschnallen – je dünner der Bauch, je weniger Fleisch in der flatternden Hose, desto prächtiger sollte die Leibesmitte akzentuiert werden, das schien die modische Doktrin.

Erst allmählich wurde mir klar, wie heikel die Frage nach dem Leder war. Nach Rindsleder konnte im Reich der heiligen Kuh ohnehin nicht gefragt werden – und wenn es vorrätig gewesen wäre, hätte man es ungern beim Namen genannt. Es ist die eine Sache, ein altüberliefertes, heiliges Gebot zu brechen, und eine andere, sich dessen lauthals zu rühmen. Wenn die Menschen, die ich in Indien traf, ein Speisegebot brachen, schwiegen sie einfach. Mir war, als werde mit dem Aussprechen des Verstoßes die Tat erst wirklich sakrilegisch, weil erst im Aussprechen das Gebot selbst in Frage gestellt wurde. Jedes religiöse Gebot hat seine Geschichte, jedes ist mit einer sinnlichen Vorstellung verbunden, die erforscht und aufgedeckt werden kann, ohne daß man deshalb seinem Wesenskern näher käme. In diesem Kern ist das religiöse Gebot un-

begründbar, sein Unbegründbares ist das Abzeichen seiner
Heiligkeit. Das religiöse Gebot stellt die Mauer dar, an der die
langen Ketten der Begründungen enden. Es ist, weil es ist.
Oder wagt jemand sich auf eine Begründung zu verlassen,
warum man das Menschenleben heilig nennt?

Um Leder zu haben, muß man ein Tier töten. Das war hier
selbst dann bedenklich, wenn es nicht die Kuh war, die ge-
schlachtet wurde. Leder hing nun einmal mit Blutvergießen
zusammen; in manchen Tempeln geboten große Schrifttafeln
den menstruierenden Frauen, dem Heiligtum fernzubleiben,
und den Männern, ihre Ledergürtel draußen abzulegen, wo
ein zahnloser Greis mit schmutzigem Turban sie bewachte –
die Schuhe blieben ja ohnehin draußen.

Nach einigen Wochen in Bikaner glaubte ich beobachtet zu
haben, daß die religiöse Praxis gestattete, vom Alltag erzwun-
gene Verstöße gegen die Gebote in jene niedrigen Kasten zu
verlagern, die ohnehin keine Fähigkeit zur Reinheit besaßen.
Wer mit Leder arbeitete, als Gerber oder als Schuhflicker,
stand ohne Zweifel ganz unten auf der Rangleiter menschlicher Daseinsformen, denn die Berührung mit Leder ver-
unreinigte; war einer aber durch Zugehörigkeit zu einer niedrigen Kaste oder gar durch Kastenlosigkeit selber bereits
unrein, dann kam hier nur Schmutz zu Schmutz. Ich hörte sogar eine besonders mildtätige, um das Los der Armen besorgte Frau die große Barmherzigkeit rühmen, daß denen, die
sich schon durch ihre Geburt außerhalb jeder Möglichkeit
zur Reinheit befänden, wenigstens die strengen Reinheitsgebo-
te der Religion nicht auferlegt seien, so daß sie unreine
Berufe ausüben könnten, um sich und ihre bedauernswerte
Nachkommenschaft zu erhalten.

In Jaipur, einer Stadt voller Werkstätten und Handwerksbe-
triebe, in denen längst die europäischen Modehäuser arbeiten lassen, war ich Gast einer Familie, die der uralten, vielleicht vorbuddhistischen Jain-Religion angehörte. Die Jains
halten es mit dem Tötungsverbot besonders streng, erfuhr
ich später, auch die Speisegebote werden üblicherweise wohl
strikter eingehalten als in anderen Kasten; die Hindus rechnen die Jains vereinfachend der Großkaste der Kaufleute zu,
obwohl der Jainismus wie der Buddhismus die Vorstellung
von Kasten eigentlich verneint – ich meinte dann im Jain-
Puritanismus eine Verwandtschaft zu der moralischen Ri-
gidität einstiger Krefelder Kaufmannsfamilien erkennen zu
dürfen.

Mein Gastgeber war von jener Gastfreundlichkeit, wie sie
Frömmigkeit und Menschenliebe verleihen, ein älterer Mann,
wohlbeleibt, der von den Geschäften zurückgezogen lebte und
gerade eben seiner Neigung zu einem bis zur Unvernunft poe-
tischen Luxus zum ersten Mal in seinem Leben stattgegeben
hatte – hinter dem Rücken seiner Frau, die sich auf Vortrags-
reise befand: Das schmale Grundstück der kleinen Villa war
mit fünf Marmorbrunnen zugebaut worden, die wegen der
Wasserknappheit in Jaipur niemals Wasser sprudeln lassen
würden, sondern jetzt schon als Lagerplatz für unbrauchbares
Zeug aus dem Haushalt dienten. Daß dieser Mann meine Bitte,
mir eine Werkstatt zu zeigen, bei der ich einen neuen Gürtel
bestellen könnte, niemals abgeschlagen hätte, blieb mir auch
später klar, als ich verstand, wie wenig angenehm ihm solche
Hilfe sein mußte. Es sei schwierig, sagte er mit besorgtem, aber
auch liebevollem Gesicht. Aber er werde mir helfen.

Wir fuhren mit einem Taxi lang durch staubige Straßen und

hatten das Weichbild des alten Jaipur verlassen, als wir vor einem Großhandel für bedruckten Kattun hielten. Hatte mein wenig englisch sprechender Gastgeber mich nicht verstanden? Nein, nicht Baumwolle suchte ich, sondern einen Gürtel. Aber er lächelte verheißungsvoll und bat mit der erhobenen Handfläche um Geduld. Den Männern im Baumwoll-Lager hielt er mit strenger Miene den zerrissenen Sarajevo-Gürtel hin und klapperte mit der Schnalle. Dann wandte er sich ab, ließ Tee bringen und gab die Anordnung, mir schön bedruckte Baumwolltücher zu zeigen.

Ich war unruhig. Zu meiner Vorstellung vom Anfertigenlassen gehörten kleine Konferenzen mit dem Handwerker, ein Erörtern meiner Wünsche, ein Besprechen der Details. Nichts davon. Ich solle nur sehen, was jetzt geschehe, und mich an den Baumwolldrucken erfreuen.

Es werde aber doch ein Ledergürtel gemacht? Selbstverständlich. Ein brauner Ledergürtel? Nichts anderes.

Es war schön in dem Warenlager. Die Gehilfen breiteten unerschrocken riesige Tücher vor mir aus, sie würden lange mit dem Wiederzusammenfalten beschäftigt sein.

Dann kam der Gürtel. Er war nicht braun, sondern schwarz. Seine Oberfläche war von makelloser Feinporigkeit, die Rückseite grob aufgerauht.

»Es ist Leder?«

»Das ist Leder«, sagte der Mann, der den Gürtel gebracht hatte. Das Gesicht meines Gastfreundes war vollkommen ausdruckslos. Ich hob den Gürtel an die Nase. Er roch nach überhaupt nichts. Doch, schließlich gelang es mir, ein zartes Geruchsfädchen zu erfassen: nach neuem Autoreifen. Immerhin, die alte Schnalle war dran.

11

»Es ist Leder«, so faßte mein Gastfreund mein Forschungsergebnis zusammen. Und ich wußte, wie ich mir diese Bemerkung zu übersetzen hatte: »Sie haben mich mit Ihrem Wunsch in Verlegenheit gebracht, aber es war meine Pflicht, ihn zu erfüllen. Sie halten nun einen Gürtel in Händen, den man benutzen kann, auch Ihre Schnalle ist daran. Und wenn wir uns jetzt entschließen, das Material dieses Gürtels Leder zu nennen, dann haben wir beide unseren Pflichten – Sie denen des Gastrechtes, ich denen meiner Religion – genügt.«

Die neue Verbindung meiner alten Schnalle war schicksalhaft, rückgängig machen ließ sich diese Gabe nicht, aber der Wunsch nach einem neuen Gürtel, der es mit den beiden historisch gewordenen Gürteln an Würde aufnahm, blieb unerfüllt. In Bikaner hatte ich es bei meiner Suche nach einer Sattlerei aber genauso schwer wie in Delhi und Jaipur. Was im Basar an Lederpantoffeln, gespitzt und geschnäbelt, angeboten wurde, kam aus Werkstätten, die mir verborgen blieben; auf die Frage nach einem Ledergürtel schüttelten alle Pantoffelverkäufer den Kopf.

Schließlich fand ich ein paar Buden unmittelbar vor dem Stadttor, an deren Pforten große Lederplatten hingen, ein stocksteifes Kamelleder, wie sich herausstellte. Die Männer, die hier arbeiteten, hockten auf dem Boden und sahen kaum auf, als ich ihre offene Hütte betrat. Es war drinnen so schmutzig und verkommen wie dem Umgang mit den Häuten der Toten angemessen. Eine Schinderhütte war die Bude zwar nicht gerade, aber die finster Hockenden kannten sich im Schindegeschäft gewiß aus. Mir war schon bekannt, daß Freundlichkeit und Höflichkeit dort, wo der Abstand zu groß war, um noch durch den Appell an gemeinsame Formen überbrückt oder verdeckt zu werden, vollständig erlöschen; dann wird von unten nach oben nicht mehr werbend oder unterwürfig gelächelt, sondern mit der stumpfen Ablehnung geguckt, die dem Verhältnis tatsächlich entspricht.

Einen Gürtel machen, das verstand der ausgedörrte, in seiner Entfleischtheit selbst zu runzligem Leder gewordene Sattler – so nannte ich ihn bei mir, obwohl in dieser Berufsbezeichnung Zunftgerechtigkeit und Meisterprüfung und Handwerkskammer mitklangen, von denen dieser Kamelschinder im Straßenstaub von Bikaner nichts ahnte. Ein in Fetzen gekleideter Junge nahm ein Stück Kamelleder vom Haken. Der Sattler legte es auf eine abgeschliffene glatte Steinplatte, rot wie jeder Stein in Bikaner, und schnitt mit scharfem Messer einen langen Streifen davon ab. Der Streifen war wie ein Stock; mit einem anderen, einem Faustkeil gleichenden Stein klopfte der Mann den Streifen nun so weich, daß er ihn zur Rolle wickeln konnte. Die Rolle tauchte er in eine Schüssel mit schwarz-grauem Wasser und haute danach solange auf ihr herum, bis das Leder beweglich wie eine Zunge war.

Um die richtige Gürtelschnalle mußte ich mir hier keine Sorgen machen, etwas anderes als die von mir allein gesuchte quintessentielle Urschnalle gab es hier gar nicht, freilich nicht vernickelt, sondern deutlich angerostet. Noch besser! Der Mann tat den fertigen Gürtel in einen Kunststoffbeutel. »Er muß vor dem Tragen noch in zehn Gramm Öl gelegt werden«, Öl habe er hier aber nicht. Die Augen des Mannes, der mich von unten herauf ansah, waren gelb. Seine langen Fingernägel waren orangefarben wie Rhinozeroshorn. Dort, wo vermutlich eine durch nichts zu überwindende Gleichgültigkeit herrschte, meinte ich Vorwurf und Bitterkeit erkennen zu sollen. Der Gürtel kostete beinahe nichts. Es war mir klar, daß dies der schönste Gürtel sei, den ich je besessen hatte.

Dann vergaß ich ihn, erst in Deutschland fiel er mir wieder in die Hände. Schon als ich den Koffer öffnete, drang mir ein Schwall entgegen, als hätte ich Fleisch verschimmeln lassen. Aber beim Zerreißen des Kunststoffbeutels platzte eine Stinkbombe. Das bißchen Leder bewahrte die Geruchskraft eines ganzen Kamels; mir war, als säße ich bei einer Leiche, die sich in die Hosen gemacht hat.

Die mir aufgetragene Ölkur habe ich dennoch versucht. Der Gürtel trank eine Tasse Olivenöl wie ein durstiges Tier, er war danach vollkommen trocken, keineswegs fettig, und hatte die Farbe von reifen Maronen mit ihrer polierten Schale. Und der Geruch? Vielleicht etwas weniger durchdringend als vor dem Ölbad, aber noch übel genug. So hatte ich es doch offenbar haben wollen – von tief unten, aus Regionen, über die man nicht spricht, aus Händen, die man nicht berührt, hatte ich empfangen, wovor Takt und Rücksicht mich vergeblich zu bewahren suchten.

Der Sandsturm

Die neuen Villen von Bikaner *extra muros* glichen Bunkern mit wenigen Schießscharten, die kaum Tageslicht ins Haus ließen. Fliegendraht vor diesen Fensteröffnungen machte es drinnen noch ein wenig dunkler, wenn die Neonröhren nicht angeknipst waren. Vor welchen Fliegen wollte man sich mitten in der Wüste schützen? Wie schafften es die Tsetse-Fliege und die noch bösartigere Dengue-Mücke in weithin wasserlosem Land zu überleben? Sie machten es wie die Menschen und sammelten sich um die Wassertöpfe, die es auch hier hin und wieder gab.

Vor allem neben einer menschlichen Wohnung. In einer indischen Stadt ohne Kanalisation fließen die Abwässer dorthin, wo sie auch in Europa die längste Zeit geflossen sind, auf die Straße. Um große stehende Pfützen zu vermeiden, waren die Häuser vielfach mit Rinnen umzogen, in denen weißschaumig und muffig riechend das Abwasser stand. Auch waren die Vorläufer der teuren Klimaanlagen, ohne die das Bürgertum von Bikaner nicht mehr leben wollte, die Wasserkühler noch häufig in Gebrauch oder trotz der neuen Anlagen nicht abmontiert. In den großen Kühl-Kästen auf den Dächern oder in den Höfen der Häuser wurde Wasser gespeichert, und so lagen auch in Perioden vollständiger Austrocknung die Brutgebiete der schlimmen Insekten unmittelbar in Menschennähe. Jeder wußte das, die Zeitungen schrieben täglich darüber, man plauderte lächelnd über die Mücken und ihre Gefahren, ganz ohne Aufgeregtheit, und man

15

dachte vor allem nicht daran, die Wassertanks endlich zu leeren.

Morgens preßten sich zwei Tauben mit ihren rund geplusterten Federbrüsten an den rostigen Fliegendraht, vielleicht um die dem Haus entströmende Kühlung zu genießen, und ich war gleichfalls von innen her so nah wie möglich an das briefbogenbreite Fensterchen gerückt, um einen Strahl drahtgefiltertes Tageslicht auf mein Arbeitstischchen fallen zu lassen. Der Blick durch die winzigen Löcher im Fliegendraht erzeugte einen Lupeneffekt. Vor meinem kleinen Gefängnis-Ausschnitt lief während eines Vormittags ein Bilderbogen über den unmittelbar vor meinen Augen gurrenden und atmenden Taubenkörpern ab.

Im Sand der Straße lag eine trächtige Hündin, die in ihrer Erschöpfung die schon geschwollene Zitzenreihe geradezu schamlos, wie mir vorkam, ausstellte. Ein Kamel, dessen Fell über den dicken ledrigen Knien abgescheuert war, zog in Staubwölkchen vorüber. Ein zarter Vogel, eine von mir nie zuvor gesehene Rotkehlchenart, das Brust-Rot durch die Drahtlupe überdeutlich hervorgehoben, hüpfte vorbei. Aus dem gedrungenen Rohbau gegenüber – das Haus sollte, wenn es fertig war, eine sechsunddreißigköpfige Familie beherbergen – trat eine schlanke Frau in einem purpurrosa Sari – ich weiß kein besseres Wort für die vor dem Sandgrau der Straße phosphoreszierende Farbe dieses Gewandes – mit einem Kind auf dem Arm; sie begleitete einen Mann zu seinem Motorrad, der schon einen militärisch geformten Motorradhelm trug, und reichte ihm zum Abschied die Hand; diese Szene sollte sich täglich wiederholen, ich nannte sie schließlich »Hektors Abschied von Andromache und dem kleinen Astyanax«, und ich werde in Zukunft, wenn ich den Namen Hektor lese, an diese Szene denken, in der sein großes Bild, gerade in dieser stetigen Wiederkehr, rein aufgehoben war.

Ich gewöhnte mich nur schwer an die Fensterlosigkeit dieses Hauses und der vielen anderen, die ihm glichen. Als wir Kittys Freundin besuchten, eine in äußerster Gepflegtheit gegen das Altern ankämpfende, elegante, etwas bitter wirkende Dame, empfing sie uns in einem Salon, der wie ein Kellerraum gegen die Außenwelt abgeschlossen war und im wesentlichen von einem riesigen, dramatisch illuminierten Aquarium beleuchtet wurde. *Intra muros* hatte man die Fensterlosigkeit womöglich noch weiter getrieben. Es gab dort Paläste mit vier oder fünf Kellergeschossen. In den Wohnräumen dort unten blieb die Temperatur auch in der brüllenden Hitze des Hochsommers stets konstant auf fünfzehn Grad. Die Bewohner zogen sich von einer feindseligen Erdoberfläche gleichsam ins Erdinnere zurück. Das Leitungswasser war so salzig, daß es in Verbindung mit Milch und Zucker dem Tee eine Art Karamelbonbongeschmack gab, wie von englischen, gesalzenen Butterdrops. Ich stellte mir vor, daß die Hitze das Wasser aus der Leitung und das Blut in den Adern gleichermaßen eindicken ließ.

Es gab in Bikaner aber einen schlimmeren Feind des Lebens, keineswegs nur im Sommer, sondern auch wenn die Hitze nachließ und man glaubte aufatmen zu dürfen. Ich hatte mich eines Nachmittags nach dem leichten Essen, dem üblichen Linsenbrei, unter dem kreiselnden Deckenventilator aufs Bett gelegt – diesen Ventilator schaltete ich nur ein, wenn ich nicht arbeitete, denn in seinem Wind bekamen alle losen Blätter Willen und Bewegung und segelten durch das

Zimmer –, da klopfte Sikander und befahl mich in seiner kurzangebundenen Art auf die Dachterrasse.

Dort erwartete mich Sudhir, sorgenvoll mit seiner Frau telephonierend, die er unterwegs wußte. Um die Mittagszeit war der Himmel noch hellblau, und jetzt hatte er sich grau bezogen. Die weithin ausgebreiteten Häuserwürfel mit ihren oft unfertigen Betonterrassen und Fernsehschüsseln, von oben gesehen kaum weniger dicht aneinandergerückt als das Engstgeschachtel *intra muros*, formten die Stadtansicht der Zukunft, das Einheitsgesicht mittlerer Städte von Kolumbien über Kenia bis nach China, deren durch das Billigbauen mit Beton und Eisenträgern geprägte Gestalt sich wieder der steinzeitlichen Finsternis von Sodom und Gomorrha annähert.

Der Horizont in dem flachen, durch sanfte Dünenwellen bewegten Sandreich war von einer schwarzen Wolke bedeckt, die schwer auf dem Boden lag, als brenne dort hinten weit weg ein unabsehbar großes Ölfeld. Das kraftvolle Quellen des Qualms, seine unablässig explodierende Fruchtbarkeit der Gestalterfindung, war bis hier zu erkennen, ein blumenkohlförmiges Gestaltentwickeln, das, so wurde jetzt deutlich, im unermeßlichen Ganzen etwas von einer Walze hatte, und diese Walze, in ihrem Innern rasend wirbelnd, rollte mit drohender Allmählichkeit auf uns zu.

Nur dreihundert Kilometer von Bikaner erprobte der indische Staat seine Atombomben in verlassenem Land. Der schaudererregende Pilz, den man von unzähligen Bildern kennt, war dies nicht, aber der Qualm könnte sich leicht dazu auswachsen, das schien mir jetzt wahrscheinlich, und das Auftürmen, das aus der Horizontale nun auch die Lüfte Ge-

18

winnende des Rauchschwarz bereitete sich vor. In den höheren Regionen wurde der Rauch aus dem fetten Rußschwarz zu üppigem Graubeige, stand aber immer noch scharf abgegrenzt zum Himmelsgrau, das uns überwölbte.

Es begann zu wehen; Sudhir mußte mit erhobener Stimme in sein kleines Telephon sprechen, um verstanden zu werden. Da bog der Wagen mit Kitty auch schon um die Ecke, der Chauffeur drückte solange auf die Hupe, bis Sikander aus dem Haus gelaufen kam und das Tor öffnete. Kittys smaragdfarbener Sari – das war die einzige starke Farbe in diesem grauen Saugen – war so lang, daß er ihre Füße verbarg. So schnell, wie sie zum Hause lief, schien sie auf Rollen zu gleiten.

»Es ist der Sandsturm«, sagte Sudhir. Das Licht wandelte sich. Der Himmel wurde unversehens maisgelb. Die Atmosphäre trübte sich. Das Wehen wurde stärker, man hörte es sausen. Die Brandqualmwolke am Horizont, eben noch gestochen scharf, löste sich auf. Es wurde dunkler und trüb, die Wolke war da und wir waren in ihr.

Im Haus war der Strom ausgefallen. Sikander und die Frauen hatten alle Fenster verrammelt, nun versammelten wir uns bei Kerzenlicht in der Halle des hohen Treppenhauses. Das Sturmesheulen war hier nur noch gedämpft zu vernehmen. Kitty ging in ihr Ankleidezimmer, um sich bequemer anzuziehen. Bald schon erschallte ihr gewohnter Ruf: »Choto, cay!«, »Kleiner, Tee!«, Zeichen eines im Sturmgebraus ungebrochenen Willens, den Gang des Haushalts nicht antasten zu lassen. Ihrer Sicherheit bei diesem Ruf entnahm ich, daß sie damit rechnen durfte, ihr kleiner Haushofmeister werde auch ohne Strom Tee kochen. Es war, als werde sie immer, in

Glück und Leid, bis ans Ende ihrer Tage durch diesen Ruf »Choto! Cay!« den Geschehnissen in ihrer Umgebung Struktur zu verleihen wissen.

In meinem Zimmer lag ich lange im Dunkel. Wie schützten sich in diesem Augenblick die vielen, die sich nicht in solchen Burgen verschanzen konnten? Die Zigeuner in ihren Fetzenzelten am Ende der Straße, die Bettler, die von weither, aus den Wüstendörfern in die Stadt gewandert waren, und die Tagelöhner? Die Straßenhändler legten sich unter ihre Drückkarren mit den Kartoffeln, die sie vom Land hereingebracht hatten. Die Luft draußen war jetzt so voller Staub wie bei schlagendem Wetter unter Tage. Der Sandstaub fand seinen Weg durch jede winzige Ritze. Als plötzlich das Licht wieder anging, sah ich ein Sandhäufchen unter meinem Schießschartenfenster. Sand knirschte im ganzen Haus. Auf den Sesseln des Salons lag eine graugelbe Staubschicht, als sei dies Haus seit Jahren sich selbst überlassen gewesen.

Allmählich war es möglich, aus dem Fenster zu sehen. Es war Nacht geworden, aber die gelben Straßenlaternen verbreiteten ein filmstudiohaftes Licht. Der Sand, den der Sturm herbeigetragen hatte, wirkte in diesem Licht wie Schnee: seine Verwehungen deckten den meisten Unrat zu, der sonst draußen umherlag, sie gaben der zerklüfteten Straße mit ihren tief eingefahrenen Spuren ein weicheres Aussehen, als habe eine große Hand alles Schroffe und Schrundige entfernt. Die wilden Hunde liefen wieder herum und hinterließen auf der jungfräulichen Fläche den Abdruck ihrer Pfoten. Und auch innerhalb des Hauses stieß ich auf Spuren der Rückkehr des Lebens.

Als ich im Badezimmer Wasser laufen ließ, wimmelten bei

den ersten Tropfen aus dem Hahn plötzlich fünf große Käfer in dem schwarzen Porzellanbecken, jeder beinahe so lang wie ein Finger. Sie waren schlank, mit harten braunen Flügeln, und hatten lange, überaus bewegliche Fühler. Wie hatten sie es bei ihrer Leibespracht in dem dunklen Abfluß ausgehalten? Waren sie nicht zu groß, um sich durch das Sieb zu drängen? Durfte ich meinen Augen trauen? Nichts Unappetitliches war an diesen großen Käfern. Man konnte bei ihrem stattlich dekorativen Anblick verstehen, warum die russischen Juweliere der vorletzten Jahrhundertwende für Broschen und Agraffen Käfer zum Modell genommen hatten. Waren das wirklich Kakerlaken, wie es – ohne irgendeinen Ausdruck des Entsetzens – bei meinen Gastgebern hieß, als ich ihnen von den Mitbewohnern des Badezimmers berichtete? Die Käfer tummelten sich im Glanz der Chitinpanzer und mit der Beweglichkeit ihrer unablässig spielenden Antennen auf dem Beckenboden. Einen wollte ich in einer Streichholzschachtel fangen, um ihn mit nach Deutschland zu nehmen. Aber als die Käfer trotz meiner Ungeschicklichkeit den Ernst meines Planes erkannten, waren sie mit einem Schlage verschwunden, wie sie gekommen waren – aus dem gefahrvollen Licht zurück in die feucht-dunklen Tiefen.

Die Apotheose eines Schauspielers

Ich lebe so weit von der politischen Sphäre meines Heimat-
landes entfernt, daß ich mich vielleicht hüten sollte, die politischen Bräuche Indiens mit denen Europas zu vergleichen,
aber mir scheint, daß die Bereitschaft, Zivilzeremonien und
Feierstunden, Eröffnungs- und Jubiläumsrituale über sich er-
gehen zu lassen, beim indischen politischen oder überhaupt
offiziellen Personal noch um ein vielfaches das Unbegreif-
liche übertrifft, das ein deutscher Politiker sich abzuverlan-
gen hat. Im indischen Englisch werden solche täglichen, die
Routine für Stunden unterbrechenden Festesstunden »a function« genannt; ich erinnerte mich, daß im altklerikalen Ita-
lien die heilige Messe »sacra funzione« hieß.

Kitty war täglich Gast einer oder mehrerer »functions«, oft
als einzige Frau unter den männlichen Amtsträgern, und nur
gelegentlich von ihrem Mann begleitet, der sich bei solchen
Anlässen wie ein Prinzgemahl einen halben Schritt hinter
ihr hielt und sich in seinem ausgefallenen, von »fabindia« in
Delhi bezogenen Kurta Pajama, als bunter Pfau, in der ersten
Reihe, wo sonst das Weiß der Politik vorherrschte, höflich
langweilte.

In Eile traf sie, aus der Schule kommend, zu Hause ein, der
Chauffeur wartete mit laufendem Motor. In Eile verschwand
sie in ihrem Ankleidezimmer, wo fünfhundert Saris in flachen Schubladen ruhten. Diese Eisenschränke sahen aus, als
enthielten sie eine Mineralien- oder Schmetterlingssamm-
lung. Kitty war großgewachsen, die starre Sari-Seide fiel in

ernstem Faltenwurf an ihr herab. Als bewegliches Standbild ihrer selbst kehrte sie aus dem Ankleidezimmer zurück. Die Frauen des Haushalts, die sich unter Sikanders Aufsicht in der Halle eingefunden hatten, verneigten sich und deuteten eine Berührung von Kittys Füßen an, die man unter dem üppigen Stoff allerdings gar nicht sah.

Wenn sie wiederkehrte, hatte sie stets ein Ehrengeschenk in Händen; Sikander holte die Blütenketten, mit denen sie umkränzt worden war, aus dem Auto und legte sie im häuslichen Tempelschrein nieder. Goldene Teller, goldene Pokale, auf roten Samt geklebte Plaketten, alles, was auch als Fußballturnier-Preis hätte dienen können, besaß sie schon in großer Fülle: indische Email-Flaggen, indische Blech-Pfauen, den indischen Subkontinent in falscher Bronze. Und auf jedem dieser Gegenstände war ein graviertes Messingschildchen mit der Inschrift gepappt: »Guest of honour Mrs. Kitty...«

In dem kahlen Direktorenzimmer von Kittys Schule, das mit Ölfarbe gestrichen war, funkelte es von Preisen und Ehrengaben, den Tributen, die jede öffentliche und halböffentliche Körperschaft ihr darbrachte. An den Wänden hingen in Goldrahmen das »Certificate of Appreciation« und das »Certificate of Professional women's Advisory Board« und die Teilnahmeurkunde für den Kurs »Path of leadership« des Lion's Club, und die Photographien, die Kitty aus Anlaß einer »function« mit der Premierministerin von Rajastan, damals einer Prinzessin von Bhopal, mit dem Staatspräsidenten und mit dem örtlichen Steuereinnehmer zeigten. Sie empfing die ihr untergebenen Lehrer und die Eltern der Schüler in einem ihrer Verehrung gewidmeten Schrein. Die Fülle der Auszeichnungen und Ehrengaben hatte sie nicht gleichgültig

23

gemacht. Ihr Ziel war jetzt, die Fülle zu steigern, die Ölfarbe des Büros ganz hinter klirrendem Gold verschwinden zu lassen. Selbst ein eher klein ausgefallener Prunkteller brachte sie dieser Vision einen Schritt näher. Ehrung zeugte Ehrung. Jede Preis- und Pokalübergabe wurde in der Lokalpresse gemeldet, meist mit einer kleinen Photographie, auf der Kittys Gesicht nur wie ein in Druckerschwärze gewischter Fingerabdruck herauskam, und solche Meldungen weckten offenbar den Ehrgeiz auch anderer Institutionen, sich endlich in die Reihe der Ehrenden einreihen zu dürfen.

Kitty erklärte mir, daß sie ihre Gunst klug vergeben müsse. Es gebe »functions«, die einfach Pflicht seien für ihre gesellschaftliche Position, »functions«, von denen sie profitierte. Es gab »functions«, bei denen die Ehre, die bei ihrem Auftreten abfiel, Gastgebern und Ehrengast gleichermaßen zugute kam. Und es gab »functions«, bei denen sie allein es war, die Ehre spendete, und bei denen sie die ihr erwiesenen Ehren nur voll Güte wie unbeholfene Kindergeschenke entgegennahm. Aber sie weise solche Einladungen nicht zurück, wie andere Würdenträger das oft täten. Sie zeige sich auch den kleinen Leuten und verhelfe deren »functions« durch ihr Hinzutreten zu Glanz und Teilnahme an der Welt der Ruhm- und Einflußreichen.

Sie bat mich nach dieser Vorrede, sie heute abend zu einer »function« zu begleiten, die der »Amindab-Bachān-Fan-Club« zu Ehren und aus Anlaß des sechzigsten Geburtstages von Amindab Bachān abhalte. Amindab Bachān war eine der berühmtesten Persönlichkeiten Indiens nach Ghandi, ein Filmschauspieler, dessen Ruhm ihn bis zur Einheirat in den Nehru-Ghandi-Clan, die indische Königsfamilie, ge-

24

führt hatte. Sein würdiges, sympathisches Gesicht war mir vertraut: Bachān lächelte auf Riesenplakaten zur Empfängnisverhütung wie für Babynahrung, für Kassettenrecorder wie für McDonald's vegetarische Frikadellen. Ein sanfter väterlicher Mensch mit grauem Spitzbart, der die indischen Operettenfilme mit ihren vielen Tanzeinlagen seit vierzig Jahren zu großen Erfolgen führte, ohne daß es ihm gelungen wäre, das Hauptproblem des Musikfilms auch nur zu begreifen, nämlich einen ein langes Lied singenden Menschen in erträglicher Weise zu zeigen – was auf der Bühne das einfachste Ding von der Welt ist. Heute, in der Nacht seines Geburtstags, würde in Bombay der Sternenhimmel vor nicht endenden Feuerwerken verblassen. In Bikaner, in diesem Wüstenwinkel, wollte man da nicht zurückstehen.

Mit bunten Zeltplanen war auf sandigem Feld ein Festort umgrenzt worden. Ich bewunderte diese Zeltplanen mit ihren architektonische Kolonnaden andeutenden Applikationen, ihren Ornamenten in rot, gelb und weiß, und dachte an die Trostlosigkeit selbst der aufwendigeren Festzelte in Europa. Hier im Land der großen Familien, der ausufernden Hochzeiten, der rituellen Gastlichkeit, wurde überall im Handumdrehen ein mobiler Saal für eine Menschenmenge geschaffen, die im gefilterten Licht der Zeltplanen malerisch deutlich in Gruppenbilder aus schönen Porträt-Köpfen zerfiel.

Junge Männer umdrängten den Wagen, in dem wir vorfuhren, längst erwartet und mit dem Mobiltelephon angekündigt. Die Türen wurden aufgerissen, die Männer behinderten sich gegenseitig bei dem Versuch, unsere Füße zu berühren. Das Festkomitee geleitete uns an unsere Plätze. Es stellte sich heraus, daß es einen Ersatzehrengast gegeben hätte, einen dicklichen, älteren Apotheker, der nun nicht gerade beiseite geschoben wurde, aber so taktvoll war, sich selbst in angemessene Unauffälligkeit zurückzunehmen.

Ein großes Programm war vorbereitet. Höhepunkt würde der Auftritt eines Amindab-Bachān-Imitators sein, eines kleinen, mageren Mannes mit hängendem Hosenboden, der sein Leben darauf verwandte, die Filmsongs Bachāns einzustudieren und täuschend echt nachzuahmen. Im Akustischen gelang das offenbar so gut, daß die CDs, die der Bachān-Imitator herstellen ließ, von den originalen Soundtracks kaum zu unterscheiden waren. Wie wenig eine Stimme über die dazugehörende Körperlichkeit sagt, wissen die Leute, die gern mit Unbekannten am Telephon flirten und sich dann zu einem Treffen verleiten lassen. Bachān, ein hochgewachsener, sehr hellhäutiger, breitschultriger Kshatria, ein Inbegriff der Herrenkaste – und daneben nun der Imitator, schlecht ernährt, mit Zahnlücken und sehr dunkelhäutig, die Nase wie von einem grausamen Schlag ins Gesicht gedrückt, und beide mit demselben öligen Tenor-Timbre. Ich sollte eigentlich auch nicht von einem Imitator sprechen, der Begriff hat bei uns etwas Absprechendes. Das Amt des kleinen Dunklen war magisch. Er war der Vergegenwärtiger Bachāns. Der originale Bachān lief über Lautsprecher nur als Beiprogramm zur Einstimmung.

Man sah hier wenig traditionelles Kostüm, keinen Turban und keinen Pajama. Die Männer – nur wenige Frauen lagerten mit kleinen Kindern in einer Gruppe abseits – trugen Hemd und Hose, dazu die eigentümlich altmodisch berührenden Scheitelfrisuren mit ausrasiertem Nacken. Ich dachte bei ihrem Anblick an die hoffnungsvollen Aufbruchzeiten nach dem Zweiten Weltkrieg, an die Filme über meist sozialistisch inspirierte Studentenheere in der Dritten Welt, jugendliche Ingenieure, jugendliche Tierärzte, jugendliche Physiker, die den Ballast der Vergangenheit abgeworfen hatten und ihre Länder in eine große Zukunft führen würden. Das Wort Student war damals noch nicht gleichbedeutend mit Arbeitslosigkeit und hoffnungslosem Lungern im Schoß der Großfamilie.

Der »Fan-Club Amindab Bachān« mochte keine wohlgefüllte Kasse haben, aber man ließ sich nicht lumpen. Der Präsident – der Vergegenwärtiger war zugleich auch Präsident – hielt eine Rede zu meinen Ehren; dann wurde »Mister Martin« nach vorn gebeten und mit feuchten Tagetes-Girlanden behängt – es war üblich, diese Girlanden gleich wieder abzunehmen, sie kamen in eine Plastiktüte, die ein kleiner Mann mir reichte. Meine Begrüßungsworte kamen mir peinlich und abgedroschen vor – »Es ist mir eine besondere Ehre und ein Vergnügen, an diesem großen Tag ... etc.«, der Beifall erschien mir verdient lahm, doch Kitty raunte mir zu, man sei begeistert, ich hätte aber gut noch einen Witz erzählen können – vielleicht den von dem jüdischen Schneider? Sie lehnte königlich in dem weißen Plastiksessel – jenes Fabrikat, auf dem inzwischen die Mehrheit der Menschen aller Kontinente sitzt –; halbwüchsige Knaben liefen herbei, um ihre Füße zu berühren – »Schüler aus meiner Schule, zahlen aber kein Schulgeld«. Sie strahlte vor Güte und berührte segnend die Köpfe ihrer gebeugten Huldiger.

Etwas abseits war auf einem Tisch der Amindab-Bachān-Geburtstagskuchen vorbereitet, eine Torte aus hartweißer, hellgrüner, hellgelber und rosa Sahne. Nach weiteren Huldigungen, Grußadressen, Verneigungen und vielfachen rhetorischen Erwähnungen des Namens Mister Martin wurden Kitty und ich gebeten, gemeinsam, wie ein amerikanisches Hochzeitspaar, diese Ehrentorte anzuschneiden.

Blitzlicht flackerte, während wir uns auch dieser Pflicht unterzogen, aber nun gab es keinen respektvollen Abstand mehr, man drängte ungehemmt heran, viele schmale braune Hände fuhren mit feinen langen Fingern in die Sahne, um Bröckchen herauszupflücken und mir diese Bröckchen in den Mund zu stecken, den Kopf dabei zur Kamera gewandt, in der wilden Hoffnung, mit mir zusammen bei der Ehrenspeisung geknipst zu werden.

»Es ist auch Fernsehen da«, sagte Kitty in mein Ohr, während ich versuchte, den braunen Pflückschnäbelchen mit den pastellfarbenen Sahnebröckchen zu entkommen. Sie war sehr befriedigt und dachte gar nicht daran, mir bei meiner Sahneabwehr zu helfen.

Aber das Wichtigste und Folgenschwerste hatte ich noch zu leisten. Hinter mir war ein großes Plakat des familiär und wohlmeinend lächelnden Stars aufgespannt, und nun war es an mir, mit Torte zu füttern, und zwar ihn, oder vielmehr das Abbild des großen Mannes. Ich war aufgefordert, ihm ein Stückchen Sahne in den hellgrauen Spitzbart zu schmieren. Und das tat ich auch, mit einem gewissen Eifer sogar, bis Amindab Bachān um den Mund herum aussah wie ein unwilliger Säugling, der beim Füttern alles, was ihm in das Mäulchen geschoben worden ist, wieder herauslaufen läßt.

Der Jubel war jetzt grenzenlos, und mit gutem Grund. Ich hatte dem Bildnis Amindab Bachāns durch das Füttern eine

Ehre angedeihen lassen, wie sie sonst nur den Idolen der Götter im Tempel zukam, die man mit Nußmarzipan und süßem Reisbrei nährte, indem man ihnen diese Pasten unter die steinernen Nasen rieb. Was immer gegenwärtig in Bombay geschah: Bachān mochte dort als Heros, als Übermensch, als Triumphator der indischen Geschichte gefeiert werden – hier aber, im Bachān-Fanclub von Bikaner, waren wir weiter gegangen. Göttlich ist, wem göttliche Ehren zuteil werden. Vielleicht lag darin eine eigentliche, eine geheime Furcht der frühen Christen begründet, dem römischen Kaiser zu opfern: Sakrilegisch war vielleicht nicht nur, Ehren zu erweisen, wem diese Ehre nicht gebührte. Womöglich erzeugte die Verehrung, was sie verehrte. Womöglich wurde bei der religiösen Verehrung eines toten Idols oder eines lebenden Menschen ein wirklicher Dämon geboren, der sich von den angebotenen Opferspeisen ernährte. Womöglich mußte ich jetzt mit dem Schatten Amindab Bachāns leben, von seinem einmal geweckten Hunger auf Sahne bis nach Europa verfolgt.

Der Rattentempel von Deshnok

Indien hat viel schmutzigere Städte als Bikaner. Es ist, als lasse die allgemeine Austrocknung und Sandigkeit weniger Schmutz zu, jedenfalls keinen von der schmierig-klebrig-sumpfigen Sorte. Das heißt nicht, daß man nicht auch am Rand der ungepflasterten Straßen durch die Villenviertel Abfallhaufen sähe, die niemand wegzuräumen gedenkt, obwohl jeder Windstoß einen deutlichen Hauch davon in die Häuser trägt. Bei ihnen sammeln sich die Tiere: die Hunde und die Kühe, die mit ihren schönen rosigen Nasen nicht davor zurückscheuen, im Unrat herumzutasten – so möchte ich ihre behutsame Suche nach Eßbarem nennen. Das Überprüfen der Müllhaufen sei in dieser Straße für die Kühe aber nur ein Zeitvertreib, sagte man mir; sie würden von einem frommen Millionär, einem Armeelieferanten aus der Kaufmannskaste – allerdings doch sehr dunkelhäutig – mit süßem Reisbrei und viel honiggewürzter warmer Milch gespeist und kämen deshalb allabendlich hier in größerem Kreis zusammen. Ihr reiner und heiligmäßiger Charakter, so war mir, bestätigte sich im Fehlen jeder Verwöhntheit. Die Wohltat des frommen Mannes förderte bei ihnen kein Anspruchsdenken: man aß seine köstlichen Schüsseln leer, aber verachtete deshalb nicht die bereits angefaulten Gemüseschalen rund um die Abwasserrinne, die gegessen werden mußten, bevor sie gänzlich ungenießbar waren.

Im Schein der Straßenlaterne hoppelte es schwärzlich über die Straße, nicht eilig, aber doch zu schnell, als daß ich das

Huschen exakt mit einem Körper verbinden konnte. In den Straßen *intra muros*, den engen hochgemauerten Gassen zwischen den Buntsandsteinhäusern, hoppelte es aber noch häufiger. Und jetzt sah ich auch deutlicher, was sich da zielstrebig, aber zugleich gelassen bewegte. Es waren Ratten.

»Sie fürchten sich nicht«, sagte Sudhir, als ich ihn deswegen ansprach. »Sie wissen genau, daß sie nichts zu fürchten haben. In Bikaner werden die Ratten geschätzt. Niemand käme auf den Einfall, eine Ratte zu töten.«

Die Treppenstufen, die in die Altstadthäuser führten, waren allerdings hoch; man stieg einen steilen Berg hinan, bis man an der Haustür war. Aber im Parterre der Gasse, die von nur teilweise abgedeckten Abflußrinnen gesäumt war, durften die Ratten sich ausbreiten, unaufgeregt und unbehindert neben der menschlichen Gesellschaft herlebend.

Daß das Verhältnis zu den Ratten in diesem Land einen besonderen Charakter haben mußte, wo eine Ratte das Reittier einer glück- und segenverheißenden Gottheit ist, liegt nahe. In einem der Tempel von Bikaner thronte der heitere Sohn Shivas, der elephantenköpfige Ganesha, mit seinem runden Säuglingsbauch auf einer seiner Schwere angemessenen, in Silber getriebenen Riesenratte, die ihre Raubtierzähne blitzen ließ und den Schwanz wie eine große Schleife um sich gelegt hatte. Allzu ähnlich sah dies mythische Reittier einer realen Ratte nicht, da war sogar etwas Drachenhaftes in das Nagetier gefahren. In unserer Welt ist der Ekel vor Ratten so allgemein, daß sich selbst Männer seiner nicht schämen, obwohl es mit dem Ekel durchaus auch Bedenkliches auf sich hat. Wenn manche Leute ihren Ekel schildern, wünscht man sich insgeheim, sie schwiegen und gäben nicht so viel von sich preis. Ratten hausen in den Kanälen, scheuen den Schmutz nicht, sind von ihm sogar angezogen, haben im alten Europa den Schwarzen Tod gebracht und fressen in den Quartieren der Armut die Zehen und Finger der Säuglinge an – das alles sind vernünftige Gründe, sich von den Ratten fernzuhalten. Wieso aber regt sich dann derselbe Abscheu in vielen von uns, wenn wir die Ratten in klinisch reinen Versuchsanordnungen der Laboratorien erleben? Es ist etwas Älteres und Ernsteres mit der Rattenangst verbunden. Der »Herr der Ratten und der Mäuse«, das ist der Teufel. Kein Zweifel, auch für Europäer ist die Ratte ein religiöses Tier. Im Totschlagen einer Ratte wird ein Sieg möglich, der sonst beinahe aussichtslos erscheint.

Die freundliche Gleichgültigkeit der Bürger von Bikaner gegenüber den Ratten in ihren Straßen war aber nur der Abglanz jener viel größeren Verehrung und Huldigung, die sich die Ratten im alten Reich Bikaner erworben hatten.

Ich vermutete, der Kult im Rattentempel von Deshnok, etwa zehn Kilometer von Bikaner entfernt, müsse etwas Uraltes sein, ein Erbe der Vorgeschichte – die in Indien viel weiter zurückreicht als bei uns –, aber so war es nicht. Uralt an der Verehrung der Ratten von Deshnok war aber die Fähigkeit der Religion, immer neue Knospen und Triebe hervorzubringen, sich lebendig über immer mehr Bereiche des alltäglichen Lebens auszubreiten, jeden einmal geheiligten Ort zu einem Treibhaus neuartiger religiöser Gewächse zu machen. Das Uralte an den indischen Mythen äußerte sich gerade darin, daß sie nicht abgeschlossen waren und von niemandem im Sinne eines mythologischen Lexikons als abgeschlossen empfunden wurden. Im siebzehnten oder achtzehnten

Jahrhundert hatte in einer Klause ein heiliger Mann gelebt, der sein Leben der Verehrung der Göttin Durga geweiht hatte. Ein Wallfahrtsort war aus dieser Klause geworden. Viele Männer und Frauen hatten sich dort einem Leben in der Schau Durgas geweiht. Ihnen, den Priestern, Pilgern und Asketen, war eine besondere Gnade zuteil geworden: nach dem Tod ihrer Menschengestalt den Durga-Tempel von Deshnok nicht verlassen zu müssen, sondern als Ratten dort weiterhin im Dunstkreis des erhabenen Bildes zu leben. Die Ratten von Deshnok erhielten einen eigenen Namen, der sie von den gemeinen Ratten in den Straßen unterschied: sie hießen »Kaba«. Unter Tausenden war immer auch eine weiße Ratte. Wer die sah, war großer Glücksgüter gewiß.

Kitty erklärte mir, sie werde im Vorhof des Tempels verharren und sich nicht in das Heiligtum hinein begeben. In einer protestantisierenden, puritanisierenden Hindu-Sekte aufgewachsen, habe sie kein rechtes Verhältnis zu diesem konkreten Anbetungs- und Opferdienst gewonnen, aber nun, da sie Sudhirs Ehefrau sei, der aus einer ungebrochenen Tradition der Idol-Verehrung stamme, sei dieser Sakral-Dienst, mit Abstand freilich, für sie verbindlich. Die Fassade des Tempels stammte aus dem späten neunzehnten Jahrhundert, wie von Termiten zerfressener weiß blinkender Marmor, eine Gabe der königlichen Familie, die dem Rattentempel besonders zugetan war. Schon auf der hohen Schwelle balancierten die Ratten, behutsam, wie es schien. »Sie verlassen den Tempel niemals«, sagte Sudhir; sie lebten in der polierten Marmorpracht wie kaiserliche Konkubinen in der Verbotenen Stadt, die diesen weit ummauerten Bezirk für die ganze Welt halten mußten – jenseits davon gähnte das Chaos.

Wir legten die Schuhe ab. Selbstverständlich mußte auch dieser Tempel, wie alle anderen, wie auch jede Moschee, barfuß betreten werden, wie selbst die syrisch-orthodoxen Priester Indiens und viele katholische am Altar barfuß zelebrierten und wie die Gläubigen zum Empfang der Kommunion vielfach die Schuhe ablegten. Aber hier glaubte ich zum ersten Mal den Sinn dieser Vorschrift zu erfassen: schutzlos sollte man sein am heiligen Ort, unverschanzt, Einflüssen offen, der Alltagsrüstung entkleidet, die nur vermeintlich schon fester, nicht wegzudenkender Teil der eigenen Person geworden war.

Ich fühlte stark den Widerwillen, mich mit nackten Füßen unter die Ratten zu begeben. »Sie nähern sich den Füßen nicht«, sagte Sudhir, der meine Besorgnis erriet.

Ob er seine Frau überzeugte? Der aufgeklärte Puritanismus, den ihr Vater mit großer Autorität gepredigt haben mochte, hatte auch puritanische Ängste entstehen lassen. Mit einer Geste schöner Ehrfurcht nahm sie den lose über ihrer Schulter liegenden Sari und zog ihn sich als Schleier über das Haar. Ihr provozierendes Selbstbewußtsein war verschwunden. Mit dieser Geste gliederte sie sich der Reihe ihrer Ahninnen wieder ein. In einem Winkel nahe am niedrigen Eingangstor, in dem nur wenige Ratten umherliefen, blieb sie stehen, in gerader Haltung, mit einer Miene aus Ernst und Bangigkeit.

Ratten überall. Sie kauerten still und schnüffelten auf dem blanken Boden, dann fuhr die Laune in sie zu galoppieren, dann drängten sie sich aneinander. Sie waren schwarz und nicht so groß wie europäische Ratten. In einer offenen Halle, die von reich skulptierten Säulen getragen wurde – Zwiebelgewächsen gleichend, die aus dicken Knollen fleischige, nach oben hin schlanker werdende Stiele entwickeln –, brannten rote Feuer, auf denen in mächtigen flachen Bronze- schalen die Suppe für die Ratten gekocht wurde. Ein leuch- tendes dickes Weiß stand in diesen Schalen, eine fette süße Buttermilch, die sich vom Ruß der Feuerlöcher scharf abhob. Körper an Körper klammerten sich die Ratten an den Rand der Schalen, ließen die Schwänze hinten hinabhängen und tauchten die Mäuler vorn tief ein; dieser rattenbesetzte Rand sah in seiner Ebenmäßigkeit aus, als sei er gleich der Schale in Bronze gegossen, die dekorative Erfindung eines Kunsthand- werkers, wie über die Keramiken von Palissy Echsen und Schnecken kriechen. Süßer Milchgeruch und eine dünne fade Fahne von Rattenkot mischten sich in der Luft, obwohl die menschlichen Diener der heiligen Kaba bemüht waren, den Marmor immer wieder blank zu wischen. Im Heiligtum nahe dem Götterbild hatten sich die meisten Ratten versam- melt. Hier wurden sie von den Pilgern mit eigens zubereite- ten Kuchen gefüttert; um meine Füße huschte und flitzte es, manchmal verwandelte sich die Menge im schwarzen Fell zu einem Schwarm, der gemeinsam wogte. Im Sanktuarium gingen bejahrte Turbanträger, pilgernde Bauern vor dem Dur- ga-Schrein in die Proskynese und berührten zwischen den Ratten mit der Stirn den Boden. Das Feueropfer mit hoch- lodernder Stichflamme in dem weit herumgeschwenkten But- terleuchter wurde zelebriert, ohne daß eine der Ratten davor zurückgezuckt wäre. Sie gehorchten als Tempelbewohner ei- genen Gesetzen und hatten die Instinkte der wilden Haus- und Wanderratten vergessen.

Sudhir war in gesammelter Stimmung; der Feuerschein er- hellte die entspannte und liebevolle Miene, mit der er das

Bild der Durga betrachtete – bei seinem Anblick wurde mir die eigene Hochspannung um so deutlicher, obwohl er mit seiner Vorhersage im Recht gewesen war: Keine Ratte hatte meine Füße berührt. Und auch Kitty befand sich in Andacht, als wir zu ihr zurückkehrten, obwohl sie sich nicht von der Stelle gerührt hatte; Hände und Haar im Sari verhüllt, stand sie hochaufgerichtet zwischen den kleinen Menschen, die an ihr vorüber ins Innere des Heiligtums strebten.

Auf den Ekelschock und die Überwindung des Ekels folgte in mir eine Befreiung: Endlich einmal hatte ich ein Heiligtum mit jenem Schauder und jener Beklommenheit betreten, die einem solchen Besuch angemessen seien, sagte ich mir im dunklen Auto auf der Rückfahrt in die Stadt. Aber die Bilder der Ratten blieben in mir und haben mich nicht verlassen. Die schwarzen Knäuel, die sich in den Ecken der Marmortäfelungen drängelten, die Rattenklumpen, aus Winkeln und Schatten hervorbrechend, als habe das Dunkel sie gezeugt. Dies geahnte, gefürchtete Lebendigwerden der unbelebten Welt. Es war, als sei der weiße Marmor in Wirklichkeit hauchdünn, eine feine, gespannte Haut, die immer wieder aufriß wie ein platzendes Kissen und darunter mit schwarzen wimmelnden Ratten ausgestopft war. Als junger Mann habe ich einmal nachts bei einer Trinkerin im Delirium gesessen. Verzweifelt in die Ecke ihres Bettes verkrochen, starrte sie in die Zimmerecke, wo, wie sie mir zitternd beschrieb, aus den Ritzen immer neue Ratten hervorquollen. Endlich wußte ich, was die junge Trinkerin damals gesehen hatte: eine Welt, die zur Kulisse wurde und durch deren Brüchigkeit hervortrat, was immer schon, von Anfang an, hinter ihr verborgen lag.

Der Haushofmeister und sein Stab

Mit dem Haushalt meiner Gastgeber mag es sich wie mit einem Götterhimmel verhalten, in dem die Götter in einem zunächst grundsätzlich und traditionell definierten Verhältnis zueinander stehen, wo dann aber wieder unversehens Bewegung aufkommt und die Gewichte sich beständig verschieben lassen. Niemand würde Sudhir die Rolle als Göttervater absprechen dürfen – aber wie verhält sich diese doch omnipotent gedachte Väterlichkeit zu der mütterlichen Allgewalt seiner Frau? Ist Kitty nicht in noch viel greifbarerem Sinn Gottheit? Und wo rangiert der Sohn, dessen unerforschlichen Ratschluß die Eltern sorgenvoll und höchst unsicher erwarten und hinnehmen müssen? Wo steht die angebetete Tochter, deren Lebensglück in Gefahr gewesen war, die in ihrer Glanzrolle innerhalb der Familie dadurch jedoch nur noch bestätigt wurde? Jedes Familienmitglied trägt in sich die Möglichkeit, zur Hauptperson zu werden.

Viel faßbarer ist dagegen der himmlische Hof, der diesen Göttern dient. Hier herrscht eine klare Rangordnung, eine genaue Kompetenzverteilung, das System von Befehl und Gehorsam ist zweifelsfrei definiert.

Ganz unten in der Engelshierarchie steht ein großer, nach europäischen Begriffen unfaßbar dünner Junge. Die Jeans, die er trägt, würde man in Deutschland nicht kaufen können, denn dem kindlichen Bauchumfang stehen die langen Storchenbeine entgegen. Der Junge heißt Legendra und ist von sehr dunkler Hautfarbe, mit einem weiblich hübschen, schläfrigen Gesicht, dicken Lippen und schwarzen Locken. Um seine Kastenzugehörigkeit wird soviel Geheimnis gemacht, daß er wahrscheinlich keiner Kaste angehört. Kastenlosigkeit ist etwas derart Unschönes, daß man vermeidet sie auszusprechen, als springe einen, formt die Zunge auch nur das bloße Wort, die Unreinheit an und bleibe kleben. Nach meinem Eindruck ist Legendra hauptsächlich damit befaßt, die Einfahrt und den Hof zu fegen und zu wischen – das bestärkt meinen Verdacht seiner Zugehörigkeit zu einer jener Unterformationen der Kastenlosigkeit, die vor allem das Wischen und Fegen zu ihrer Sache gemacht haben. Für Sauberkeit sorgen ist unrein – dies Paradox trifft auch die Friseure und Bademeister. Nichts könnte jedoch eleganter und schmutzverachtender aussehen als die Methode, mit der Legendra die Auffahrt wischt: Er hat den nassen Putzlumpen an eine Schnur gebunden und schwenkt ihn daran hin und her, als übe er mit einer jungen Katze das Mäusefangen. Der Staub wird mit einem nassen Lappen gleichsam ausgepeitscht. Aber schön langsam, vor allem! Mit diesem Wischen der Auffahrt kann jeder erdenkliche Zeitraum gefüllt werden. Nur wenn das Auto hupend vor dem Tor steht, fährt demonstrative Eile in seine Glieder. Er kickt die Gummischlappen zur Seite und läuft barfuß herbei, einen Blick ungehemmten Staunens in das Wageninnere werfend. Legendra weiß von sich aus nichts, kennt von sich aus nichts, tut nur das unmittelbar Befohlene. Das Ganz-unten-Stehen entledigt ihn jeder Verantwortung und jedes Gedankens.

Die Wäscherin wohnt nicht im Haus, kommt aber täglich und hockt dann in einem gekachelten Winkel des Hofes neben dem Wasserhahn. Sie ist fast eine Schönheit, mit dem

beinahe kreisrunden Gesicht einer klassizistischen Zeichen-
lehre. Strahlende Augen, strahlende Zähne, ihre Baumwoll-
Saris leuchten in festlicher Farbenpracht. Es besteht bei ihr
offenbar keinerlei Vorstellung von Arbeitskleidung, Kittel-
schürzen und ähnlich schäbigem Zeug. Die Wäscherin kommt
zum Waschen wie zu einem großen Fest. Um ihre jungen
braunen Arme trägt sie Messingarmbänder, die etwas von
den Armschienen einer Rüstung haben. Sie achtet darauf,
daß der Sari auch beim Rubbeln und Auswringen und Bür-
sten stets ihren Scheitel bedeckt. Zum Waschen hockt sie auf
dem Boden, die Knie breit auseinander, zwischen ihnen steht
die Schüssel. Das ist ihre gewohnte Haltung. Sie blickt zu allen anderen stets auf, allerdings strahlend. Vielleicht wäre sie
noch zufriedener, wenn sie in ihrem Wäschewinkel jeman-
den zum Schwatzen hätte. Manchmal bringt sie ihre Schwester mit, die dann in derselben Haltung neben ihr hockt,
gleichfalls in Safrangelb oder Purpurrot, und nichts tut, als
gelegentlich einen nassen Wäscheklumpen ein Stück über
die Kacheln zu schieben. Es ist mit den beiden, als spielten
dort zwei Kinder im Sandkasten.
Sushil, sehr hochgewachsen, aber muskulös, sehr dunkel, ja
geradezu schwarz, hat trotz seiner jungen Jahre eine Glatze
und trägt deshalb immer eine umgekehrte Baseball-Kappe.
Seine Körperlichkeit erscheint gummiartig, knochenlos und
dennoch sehr fest und zäh. Sushil ist deutlich von allen schön-
heitlichen, venushaften Aspekten des Lebens ausgeschlossen,
er hat seiner ganzen rabenschwarzen Existenz nach keinerlei
Anspruch auf irgendeine Art von schmückender Lebens-
gestaltung – freilich nur was seine eigene Person angeht. Im
Haushalt kommen ihm gerade die schmückenden, die auf

die Dekoration bezogenen Aufgaben zu. Er beherrscht das Schmücken und das richtige Vorbereiten von Festlichkeiten aller Art in einem Maße, das ihm auch außerhalb des Haushalts schon Ruhm eingetragen hat. An Freunde wird Sushil ausgeliehen, wenn es der ungestörte Ablauf des Haushalts gestattet. Oft steht er nur so herum, die überlangen Beine als Standbein und Spielbein angeordnet, aber seine Miene ist nicht gelassen oder verträumt: er ist dann mit der Lösung eines Knotens beschäftigt. Wenn Kitty verreist, packt Sushil die Koffer. Nur er kann Stoffe so fein falten und so lückenlos aufeinanderlegen, daß der Koffer ein Maximum aufnimmt und doch nichts verknittert.

»Wer hat ihn so erzogen? Sagen Sie mir: wer?« fragt Kitty herausfordernd. Die Antwort steht fest, aber inzwischen beherrscht Sushil Künste, die selbst seine Lehrerin staunen lassen. Die großen Muster aus Kreide und buntem Sand, die den Boden von Hof und Einfahrt zu Diwali bedecken: Sushils Werk. Das ausgeschnittene Goldpapier um die Opfergaben zum großen Opferfest: Sushils Arbeit. Viel Zeit verbringt er mit der prunkvollen Verpackung der Kartons mit Süßigkeiten, die zu allen möglichen Anlässen in alle erdenklichen Richtungen versandt werden. Er verziert sie mit Riesenschleifen, kleinen Kunststoffgottheiten, Girlanden. Die Pakete werden schließlich in eigens genähte Seidensäckchen geschoben. Wenn das Fest schließlich bereitet ist, trägt er Lieder vor und schlägt die Trommel, auf deren Fell seine großen weichen Hände stets haften zu bleiben scheinen. Aber immer mit der Baseball-Kappe auf dem Kopf, als Außenstehender, nur Hinzutretender. Er berührt als einziger der Dienerschaft nicht Kittys und Sudhirs Füße, gewiß nicht aus

Mangel an Beflissenheit, wohl eher aus dem Gefühl übergroßer Distanz.

Sunil ist das ganze Gegenteil, viel ungeschickter als Sushil, aber seinen Herren geradezu zärtlich hingegeben. Eher Page als Diener, sehr hellhäutig, harmonisch gestaltet, etwas dicklich, sanft, mit vollem, schönem Haar und wehmütigen Augen. Die Sorge um das Haus zerreißt ihm das Herz. Tag für Tag steigt er mit der Bereitschaft vom Motorrad, sich jedes Mißgeschick im Hause ganz zu eigen zu machen und jede Bürde zu tragen. Oft muß er warten, bis er empfangen wird. Stundenlang sitzt er in der Auffahrt und schwatzt mit Legendra, ein Ohr aber ist immer auf das Haus gerichtet. Jeden Augenblick kann ihn der Ruf erreichen. Er ist der Bote und Agent des Haushalts, bekannt bei der Bank, bei den Behörden, in der Schule. Alle Freunde und Vertrauten des Hauses kennen ihn. Er wird überall sofort vorgelassen. Wenn sich das Motorrad Sunils nähert, weiß man, daß eine Nachricht von Kitty naht, ein Auftrag, ein Geschenk, eine Einladung, daß eine Unterschrift erbeten, eine Bescheinigung benötigt, eine Frage gestellt wird. Die Geschäfte des Hauses laufen nicht schlecht, aber es kommt Sunil nicht zu, das zu beurteilen: für ihn hat alles von äußerster, geradezu bedrohlicher Bedeutung zu sein. Der englische Schatzkanzler befördert gewisse Dokumente immer noch in einem speziellen roten Koffer. Einen solchen roten Koffer müßte Sunil eigentlich mit sich führen.

»Er mag vielleicht nicht der hellste Kopf sein, aber...«, sagte ich eines Tages zu Kitty, einzig in der Absicht, etwas besonders Freundliches folgen zu lassen, aber sie unterbrach mich und rief: »Strohdumm ist er! Aber er hat ein Herz aus Gold.« Was sie nicht hinzufügte: Er war präsentabel, man sah ihm die ordentliche Herkunft an. Hätte man etwa einen Sushil zu den Leuten schicken sollen?

Die erstaunlichste Erscheinung ist der Chauffeur, Raghu Virh Singh, ein Rajpute reinsten Wassers möchte man unwillkürlich sagen, denn die großen Augen in seinem mageren Wüstenkriegergesicht strahlen im feinsten, unergründlichsten Hellblau. Zu seinem Rajputen-Schnurrbart hätte er eigentlich immer einen Dolch zwischen den weißen Zähnen tragen müssen. Raghu Vir Singh scheint der lebendige Beweis für die These, die Kriegerkaste Rajastans stamme von den Geten oder den Skythen ab. Ich habe ihn immer unrasiert gesehen, bis er sich einmal, während einer Fahrt durch die Wüste, am Straßenrand rasieren ließ. Es war, als seien ganze Schichten seiner Substanz mit dem Messer abgetragen worden; danach war er ein zartes kleines Männlein. Sudhir und Kitty teilten sich seine Dienste mit anderen Leuten; wurde er gebraucht, schwang Sunil sich auf das Motorrad und rief ihn herbei. Er mußte ganz in der Nähe irgendwo warten und mit dem Luxus seiner hellblauen Augen freigebig um sich strahlen; mir war, als zwinge Kitty sich, diese Augen nicht zu bemerken, und das wäre nicht allzu schwer gewesen, denn er reichte ihr kaum bis zur Schulter.

Das Oberhaupt dieses Stabes aber ist ein sehr kleiner und erst dreiundzwanzig Jahre alter Mann, ein Knabe, so glaubt man auf den ersten Blick, so zart scheint er gebaut. Dieser Haushofmeister kennt den Haushalt am besten, denn er ist schon seit fünfzehn Jahren hier Diener. Die Agentur für Hauspersonal schickte ihn als Achtjährigen. Es war nicht seine erste Stelle. Sein Name war muslimisch, Sikander, aber er stammte aus einer Hindu-Familie im fernen, wasser- und menschenreichen Bihar und war von seinen Eltern – seinem Stiefvater, um genau zu sein – verkauft worden. Kitty erinnerte sich mit Vergnügen, wie der Achtjährige sich im Haus umsah und dann fragte: »Wie viele Zimmer hat das Haus? Wie viele Menschen wohnen darin? Wie hoch ist das Salär?« In den ersten Jahren fürchtete er sich, allein im Dienerquartier zu schlafen; so kühn er tagsüber war, nachts mußte er weinen. Daraufhin durfte er auf dem Fußboden in der Halle schlafen. Und inzwischen ist er verheiratet, im fernen Bihar; er sieht seine junge Frau nur in seinen Jahresferien. Sein Blick ist etwas trüb – sind da nicht milchige Flecken in den schwarzen Augen? Ist das eine Auge nicht etwas kleiner als das andere? Sonst ist er ein hübscher, drahtiger, kleiner Mensch. Nach einer Weile stellte ich mir vor, er entstamme einem noch kleiner gewachsenen Volk, unter dem er als Hüne erscheine. Seine straffe Sicherheit, seine aufrechte Haltung haben diesen Eindruck hervorgerufen. Wenn er etwas auszurichten hat, geht er soldatisch-gerade durch den Raum auf einen zu, stellt sich in »Rührt euch!«-Stellung auf und wartet, daß man ihn zum Sprechen auffordert. Seine nackten Füße haben etwas Tierhaftes, schon geradezu an zweite Hände Gemahnendes. Spürt er die Hitze, wenn er barfuß über die glühenden Steinplatten der Einfahrt läuft? Jeden Tag stellt er zum Mittagessen fünf verschiedene Gemüseragouts auf den Tisch, mit immer neuen Farben und Gewürzen. »Wer hat ihm das beigebracht?« fragt Kitty streng, als ich das Essen lobe. Gewiß, aus der Lehmhütte in Bihar, in der sein Stiefvater betrunken die Tage verträumt, mögen die Kochkenntnisse nicht stammen. Aber eines ist wohl allen im Hause klar: Viel gibt es nicht, was jemand diesem Mann hier noch beibringen könnte. »Choto«, »Kleiner«, wird er seit seinem Eintritt in den Haushalt gerufen; das ist längst ein respektgebietender Name geworden. Was er mit heller, militärisch heiserer Stimme knapp anordnet, das wird ausgeführt. Wenn der Strom zu lange ausfällt, ruft er im Elektrizitätswerk an, läßt sich den Direktor geben und fährt ihn an: Was das denn sei? Die Herrschaft sitze ohne Strom. Manchmal sei das Licht dann plötzlich wieder angegangen.

Das Picknick

Bikaner liegt in grenzenlosem Wüstenland, das am Horizont wäßrig verschwimmt, obwohl bei dieser Erscheinung kein Tropfen Wasser im Spiel ist. Aber zu den Zeiten des mächtigen persischen Einflusses gedieh in dieser Stadt eine Kunst höchster Begrenzung: Eine Schule persischer Miniaturmalerei entstand, welche auf oft nur handtellergroßen Pergamentblättchen das luxuriöse Leben der Fürsten in Zelten und hinter hochummauerten Gärten schilderte. Der Juwelier Kothari besaß eine Sammlung solcher Miniaturen, die, wie er andeutete, einst in königlichen Mappen gelegen hatten. Groß und massig, wie er war, beugte er sich sogar selbst, den einhaarigen Pinsel in den dicken Fingern, über weiße Postkarten und versuchte, Details aus den Blättern seiner Kollektion zu kopieren. Gärten – das war in Bikaner das eigentlich Unmögliche, wenn auch immer wieder versucht worden war, um die Schlösser des Königs herum Gartenartiges anzulegen. Ohne unablässiges Sprengen mußte hier alles innerhalb von Stunden verdorren. Wo sollten in der Wüste Rosen wachsen? Und dabei war der Bedarf an Blumen groß: Für die täglichen Opferzeremonien in unzähligen Tempeln und privaten Schreinen wurden aus orangefarbenen Nelken und dunkelroten Rosen Girlanden aufgefädelt; der Händler für diese Girlanden hatte in seinem Hinterzimmer auch einen Kühlschrank stehen, in dem er stets zwanzig rote Rosen eng aneinandergepreßt und in Zeitungspapier gewickelt aufbewahrte, in dieser großen Stadt den einzigen Rosenstrauß, der nur im

45

Dunkeln und in künstlicher Kälte überlebte. Dem Mann war jeder Umgang mit Blumen fremd. Als er mir einen Strauß für Kitty binden sollte, wickelte er um jeden Stiel lange Streifen Tesafilm, die Rosen wurden mit Tesafilm regelrecht zugeklebt. Aber auf Seide und auf den Sandstein- und Marmorreliefs blühten die Päonien, platzten die Granatäpfel, strahlten die weißen Blütensterne der Dornenhecken.

Nur die Nacht gab Gelegenheit, das Verlangen nach dem Garten, nach dem Lagern im Freien zu stillen. Zu den schönsten Talenten der Bewohner von Bikaner gehörte das Ausrichten nächtlicher Picknicks. Wenn die Nacht herabsank, richtete sich der Blick wie von selbst nach oben, weg vom Ausgedörrten, flach-hügelig Kahlen zu der samtschwarzen Kuppel mit der scharf blitzenden Sternenschar. Der Mond schien hier so hell, daß er Fackeln und Laternen zur bloßen Dekoration werden ließ. Garten war jetzt überall. Jedes freie Feld mit niedergetrampeltem Gras und einer Trockenheit des Staubes, die einen schon beim bloßen Anblick husten ließ, konnte im Dunkel zu einem Garten werden. Das Ausbreiten von großen Tüchern, von Teppichen, von Zeltplanen steckte den Leuten noch aus den Zeiten der großen Karawanen im Blut. Schon das Ausbreiten eines Tuches auf der Böschung neben der Autostraße war hier ein Akt von Bedeutung. Der alte Jain-Kaufmann, mein Gastgeber in Jaipur, hatte mir ein mit kleinen Elephanten bedrucktes Tuch einpacken lassen: »Wenn Sie das ausbreiten, und wenn Sie sich darauf setzen, dann sind Sie frei! Niemand kann Sie stören!« Das sagte er mir mit einem Aufleuchten seiner Augen; er teilte mir ein Lebensgeheimnis mit, das ihn selbst schon gerettet hatte, es war erprobt.

Niemand im Westen wäre auf den Einfall gekommen, auf dem Sportplatz neben der Schule, der von zwei Ständern mit zerrissenen Basketball-Körben eingefaßt war, ein Picknick zu veranstalten. Der Staub des Bodens war hier hellgrau und so fein, daß er durch die Kleider drang. Aber es war nicht unpraktisch gedacht, hier zu picknicken, denn die Schulküche mit ihrem Wasserhahn war nah, und die Vorbereitungen fielen viel leichter, obwohl Kitty auf diese Frage keinen weiteren Gedanken zu verschwenden schien: »Ich habe Choto dabei«, sagte sie mit gebieterischer Miene zu der Dame, die in gespielter Besorgnis gefragt hatte, wie sie das alles schaf-fen wolle, und Choto, das hieß natürlich: Chotos Stab. Sushils Gaben waren hier besonders gefragt, seine Picknick-Arrangements galten als perfekt.

Im gleißenden Mondlicht war auf dem Sportplatz ein bühnenhafter Salon aufgebaut. Sushil hatte riesige Sessel herbeigeschafft, eine Art Elephantensänften im Jalta-Stil aus reich geschnitztem und wie Karamelbonbons glänzendem Holz. Er hatte sie in zwei Reihen angeordnet, die im rechten Winkel aufeinanderstießen. Die beiden ganz innen Sitzenden konnten sich noch miteinander unterhalten, je weiter man aber nach außen geriet, desto größere Distanzen zum Gegenüber waren zu überwinden. Wer an den Flügeln saß, fand sich gleichsam an die Peripherie der Gesellschaft geschossen. Zugleich wirkte diese Anordnung aber prachtvoll und offiziell. Vor den Sesseln lag ein bunter Teppich in den Sand gebreitet. Es war wie in einem schönen alten Krieg: wie auf einem Feldherrnhügel, wo am Rande des Schlachtfeldes der Rahmen einer ersten Verhandlung mit dem geschlagenen Feind improvisiert wurde. Das Buffet stand in einem gewissen Abstand, mit in Falten gerafftem Gardinenstoff pompös gedeckt. Unter den Aluminiumschüsseln brannten die bläulichen Feuerchen der Rechauds.

Wer kein Augenmensch war, mochte diesem zeremoniellen Mondscheinmahl nicht viel abgewinnen. Auch wenn Kittys Gäste die brillantesten Geister gewesen wären und nicht jene Provinzhonoratioren, die sich seit vielen Jahren kannten und alles, was es zu besprechen gab, längst ausgeschöpft hatten, sie hätten sich in diesem Arrangement der schweren Sessel, die man kaum verrücken konnte, ohnehin nicht unterhalten können. Man sprach immer leicht über die Schulter hinweg mit seinem Nebenmann, tief in die allzu bequeme Elephantensänfte versunken. Hier mußte man die Gabe besitzen, Bestandteil des Bildes zu sein und zugleich dessen Betrachter, wollte man den vollen Honig aus dieser Inszenierung saugen.

Um die Küchentür regten sich im Halbdunkel wartende Gestalten, die manchmal auch zugriffen, vor allem jedoch anwesend waren bei dieser Zusammenkunft, am ehesten wohl mit der altrömischen Institution der Klienten vergleichbar, die beim öffentlichen Auftritt des Patrons unbedingt dabei zu sein haben. Schön war der Anblick der jungen und alten Frauen in ihren starkfarbigen, im Mondlicht wie Käferflügel schillernden Saris, schön war es zu sehen, wie alle Gäste sich erhoben, um einer kleinen alten Dame, die mühsam am Stock ging, entgegenzugehen und ihre Füße zu berühren.

Neben mir saß ein alter Physiker, mager und braun entfleischt wie eine ausgetrocknete Schote Johannisbrot. Er wandte sich mir zu und fragte mich, ob ich nicht gleichfalls glaube, die Dichtung habe vor allem das Gute auszudrücken.

Ich zauderte mit der Antwort. Der Mondschein machte mir Lust zu einer großen Tirade, einem Widerspruch, der den ernsten Mann überraschen würde – er war mir als großer Philosoph vorgestellt worden –, aber da kam mir plötzlich der Gedanke, daß ich nach vielen Drehungen und Wendungen womöglich zu demselben Schluß kommen werde wie er in seiner Einfalt, und so gab ich ihm denn ohne weiteres recht.

Kitty saß weit von mir entfernt am äußersten linken Flügel ihrer gesellschaftlichen Schlachtordnung. Als alles um sie herum aus dem gemächlichen Geplauder in Schweigen gesunken war, rief sie Sushil, der im Dunkel wartete. Er solle singen. Grußlos kam er herbeigeschlendert und stellte sich in seiner schlanken schwärzlichen Fleischigkeit, ohne sein Publikum zu beachten und ohne weitere Vorbereitung, vor uns auf und begann seinen leisen, weichen Gesang mit den kleinen schluchzenden Koloraturen einer ganz leicht erkälteten Nachtigall. Sein Gesang hatte etwas Objektives. War dies ein heiterer oder ein trauriger Gesang?

Als er nach seinem sehr langen Lied, das er ohne äußere Anteilnahme einfach so aus sich hatte herauslaufen lassen, abtrat, mit knappster Verbeugung, eigentlich gerade nur einem englischen Kopfnicken, forderte Kitty, die in ihrem Sari und auf ihrem Thron wie eine römische Matrone aussah, daß nun auch ich etwas singen möge.

Man kann sich vorstellen, wie unwillkommen mir diese Aufforderung war. Dabei spielte die grundsätzliche nationale Schwierigkeit, daß wir Deutsche nicht wie Iren oder Russen oder Italiener darauf vorbereitet sind, in Gesellschaft ein Lied vorzutragen, die geringste Rolle. Ich wäre gern bereit gewesen, hier, »am Ende der Welt«, wie ich mir sagte, meine kulturelle Gehemmtheit zu überwinden, aber ich wußte nicht wie. Welches deutsche, mir vertraute Lied durfte mit Sushils Gesang in Konkurrenz treten? Hatten wir überhaupt Lieder, die sich in Alter und Tradition und ehrwürdiger Anonymität mit einem solchen wie dem eben gehörten messen konnten? Wie lange schon war der Wurm in unserer sogenannten Volksmusik – womöglich schon hunderte von Jahren vor jenen, alle anderen tönenden Abscheulichkeiten noch unterbietenden Fernseh-Volksmusiksendungen, die wahrscheinlich auch niemals den geringsten Erfolg gehabt hätten, wenn das gesamte im »Zupfgeigenhansel« gesammelte »Fallerallala« nicht schon abgrundtief verdorben gewesen wäre. War es nicht geradezu eine »felix culpa« der Bildungskatastrophe, daß nun nirgendwo mehr Kinderchöre zu hören waren, die mit glockenheller Stimme »Ein Jäger aus Kurpfalz« oder »Im Märzen der Bauer« anstimmten? Um so zerknirschter fühlte ich mein Versagen als Sendbote meines Landes. In einer solchen festlichen Mondnacht, in der das Singen übernahm, was bei uns der Wein geleistet hätte: den Genuß des Augenblicks zu erzeugen und zugleich darzustellen und ihn zum gemeinschaftlichen Erlebnis zu machen, blieb ich stumm.

Auch bei einem weiteren Mondscheinpicknick wurde meine Gegenwart Anlaß einer kleinen Irritation. Der Mond stand nur als Sichel am Himmel, aber als liegende, so daß man sich wirklich vorstellen konnte, eine Frau vermöge darauf zu stehen. Dies Picknick fand zu Füßen eines Tempels statt, der am Stadtrand auf einem kleinen Hügel lag und in das sich im Dunkel verlierende Wüstenland blickte. Die Gastgeber waren die Wächter des Tempels, hatten aber durch die Jahre hindurch immer wieder Wohltaten von Sudhir und Kitty

50

empfangen – aus Kittys Händen selbstverständlich – und zählten also wohl zu den bereits erwähnten »Klienten«. Ihr Haus war wie ein kleines Bauerngehöft um einen sauber gefegten Hof gebaut; über das Ganze erhob sich jenseits einer Mauer der weiß angeleuchtete Shikara des Tempels; die Scheinwerfer bemühten sich zu meinen Ehren, wie ein unwirklich starkes Mondlicht auszusehen. Wir saßen auf geflochtenen Bauernbetten, über denen Tücher und Polster ausgebreitet waren. Alle Mitglieder der Familie, Frauen und Männer und Kinder, bedienten uns aus Schüsseln, die aus dem Haus geholt wurden; die Großeltern aßen mit uns und machten die Honneurs, wie man hier wirklich einmal sagen durfte.

Während wir unseren gelben Linsenbrei mit Brotfladen auflöffelten, standen die Frauen, es waren Schwestern, vor uns und rangen in der Verlegenheit, untätig warten zu müssen, bis sie den nächsten Gang servieren durften, die Hände.

»Er ißt alles«, erklärte Kitty den Frauen, die ungläubig zu mir herübersahen, »er ißt Scharfes und nicht so Scharfes. Süßes allerdings ißt er nicht so gern. Aber sonst ist er ganz einfach. Ein einfacher Mann.« Sie sprach über mich wie über ein selten gesehenes neues Haustier, und sie traf damit gewiß den richtigen Ton, denn die Leute wurden zutraulicher, die Kinder wagten sich vor und sahen mich im Schutz der nahen Mütter unverhohlen an. Nicht nur die beiden alten Leute mit ihrem schönen weißen Haar vermittelten mir das Gefühl einer Philemon-und-Baucis-Welt, auch dies friedliche Wohnen neben dem kleinen Tempel am Rand des Wüstenmeeres, dies dankbare Genießen der Nacht, das freundliche Wohnen der Generationen um den Herd herum. Sollte eine menschliche Behausung anderswo als im Schatten eines Heiligtumes liegen? Hier draußen befanden wir uns schon im ungefilterten Dunstkreis des Schreins, in dem die Gottheit jetzt, nach ihrem streng geregelten liturgischen Tageslauf, zur Ruhe gegangen war und hinter dem zugezogenen Vorhang des Sanktuariums schlief.

Daß photographiert werden mußte, gehörte zur Vorführung und vertraulichen Betrachtung des seltenen Haustieres. Jedes Familienmitglied trat hinter mich, der Vater knipste, es blitzte, der nächste trat an. Vielleicht hätten Philemon und Baucis das mit den unerkannt reisenden Göttern auch nicht anders gehalten, wenn sie schon eine Kamera besessen hätten. Doch als ein großer, sehr dunkelhäutiger Junge neben mich trat, ergriff seine Mutter ihn an der Hand und zog ihn fort. Das gehe wirklich nicht, habe sie gesagt, erzählte Kitty lächelnd auf dem Heimweg, ein »häßlicher Schwarzer neben einem schönen Weißen«. Der Junge schien nicht verletzt durch das mütterliche Machtwort. Er war in dem Alter, da man noch träumt.

Das Fasten für die Ehemänner

Am ersten Vollmondtag im November wurde das große rituelle Fastenfest der Ehefrauen für die Gesundheit und das Wohlergehen ihrer Männer begangen. Da es die ersten Fasten waren, die Kittys Tochter Geetangeli als verheiratete Frau erlebte, würden die Zeremonien diesmal besonders reich ausfallen; schon diese Ankündigung machte mich neugierig. Wie würden reich ausgestattete Fasten wohl aussehen?

Der Vortag begann mit dem Auftritt eines umherwandernden Musikanten, der in den Häusern entlang der Straße eine vorbereitende Festmusik vortrug. Ich erkannte erst gar nicht, was da am Tor kauerte, ein Bündel bewegter schmutziger Lumpen, denn der Mann war so dünn, daß ich einen eigentlichen Körper gar nicht erkannte, da schienen nur Stöckchen und Gräten unter den Fetzen verborgen. Dann hob er seinen Turbankopf und zeigte große graue Augen und einen breiten Mund, das Gesicht war faltenzerfurcht wie das eines Greises, obwohl er vielleicht nur vierzig war. Sein Instrument hatte eine einzige Saite, die er mit einem krummen Bogen strich, als wolle er den Geigenhals durchsägen. Er öffnete den Mund zu einem hohen, spitz kindlichen Laut, Vogelkreischen, Katzenschreien, Kinderweinen mischten sich in diesen eigenartigen Ton; woher nahm er die Kraft, eine solche Lautstärke aus seiner nur zwei Fäuste breiten Brust hervorquellen zu lassen? Der erste steile, langanhaltende Ton war zum Erschrekken; die Todesnot eines kleinen, in die Ecke getriebenen, kämpferischen Lebewesens, das sich zu einer letzten Anspannung aufschwingt, lag darin, aber dann begann dieser helle Schrei unversehens Form anzunehmen, er verlor die Schärfe, wurde glatt, als entstamme er einem Blasinstrument, und endete in einem geradezu zart anmutenden Zittern, einer kleinen Flatter-Koloratur, während die verknotete braune Hand mit den Fingernagelkrallen scheinbar unbeteiligt ihr sägendes Werk tat.

Es war mir erst etwas peinlich, dann aber auch angenehm, als Sikander, der mich an der Auffahrt hatte zuhören sehen, mir einen jener über die ganze Erde verbreiteten Plastiksessel brachte. Sitzend fühlte ich mich vor dem kleinwüchsigen Musikanten etwas weniger unanständig fleischig und groß. Eine Zeitlang mochte der unglückliche Tithonus, der einst bildschöne menschliche Gatte der Eos, dem die Götter ewiges Leben, aber nicht ewige Jugend geschenkt hatten und der neben seiner göttlichen Ehefrau immer mehr zusammenschrumpfte, diesem Mann ähnlich gesehen haben, und auch Tithonus sang ja und sollte als winzige Grille schließlich ewig singen. Es blieb mir die weitere Peinlichkeit nicht erspart, daß Kitty mich, der ich nun als weißer Sahib über dem um sein Leben singenden Musikanten thronte, unbedingt photographieren wollte: Meine verrückte Hoffnung war, der Musikant werde mich in diesem Augenblick als Bruder in seiner eigenen Erniedrigung erkennen; waren wir doch beide gleichermaßen Opfer ihres Dokumentationstriebes. An Kittys Tor trat der Musikant, der Spielmann, noch einmal in seiner schon ehrwürdigen, altertümlichen Verächtlichkeit auf, in der er seinen Weg durch die Menschheitsgeschichte begonnen hatte, bevor er schließlich ein Philharmoniker mit Frack und Reihenhaus oder ein geadelter Popstar geworden war.

Am Nachmittag wurde ich ins Schlafzimmer von Kitty und Sudhir gerufen, einen vollständig fensterlosen Raum, in dem ein paar kleine Sessel und das große Bett standen. Das Schlafzimmer war, wie in alten Zeiten in Europa auch, das familiäre Empfangszimmer des Hauses; wer nicht in rein offiziellen Beziehungen zur Familie stand, wurde hier hinein geführt. Da saßen die Besucher dann aufgereiht um das große Bett herum, auf dem Kitty es sich mit Kissen bequem zu machen suchte. Jetzt lagen Mutter und Tochter nebeneinander, beide in großer Garderobe, Hände und Füße von sich streckend wie Säuglinge auf der Wickelkommode. Sie lachten und aalten sich und wedelten die Hände mit ausgestreckten Fingern in der Luft. Ich sah erst jetzt, wie rund sie waren; der Sari verbarg sonst die Wölbungen des Leibes vollkommen, er streckte die Körper aller Frauen und versteckte unter seinem Faltenwurf das allmähliche Auseinanderquellen eines nach Geburten und unablässigem Süßigkeiten-Naschen ermüdenden Leibes. Manchmal blitzte ein Stück nackter unebener Bauch zwischen der Taille und den sich bauschenden Schleiern des Oberkörpers auf, und oft war das Gesicht der Frau so schön und verheißungsvoll, daß ich nicht sofort begriff, soeben einen Teil ihres Körpers und nicht einen umgeschnallten Schweinsleder-Ranzen erblickt zu haben.

Rechts und links vom Bett hockten zwei junge Mädchen auf dem Boden, bewacht von einer mütterlichen Dueña, die sich in dem Bemühen, so unsichtbar wie möglich zu sein, in einen Winkel drückte. Die schönen, im Unterschied zu den beiden vergnügten Robben auf ihrem Kissen-Felsen gertenschlanken Mädchen hatten Spritztüten in der Hand und waren dabei, die Hände und Unterarme, die Füße und Unterschenkel der Frauen mit Henna zu bemalen. Hinter den Stirnen der Mädchen wohnte ein schier unerschöpflicher Schatz an Mustern und Ornamenten. Sie zeichneten, indem sie die schwarze Henna-Masse aus der Düse drückten, ohne einen Augenblick innezuhalten. Wer die unentwirrbaren Liniengespinste eines alten Kaschmir-Schals vor Augen hat, mag vor sich sehen, wie hier in zauberischer Geschwindigkeit ein Zellsystem vor sich hinwucherte. Die Mädchen waren wie Spinnen, die in instinktiver Geschäftigkeit an der Ausbreitung ihres Riesenplanes arbeiteten, sie schrieben ihre Ornamente, als müßten sie in Eile einen langen Brief abfassen. Die Hennamasse wurde an der Luft schnell fest; Hände und Füße der bemalten Frauen waren wie mit dunklen Spitzenhandschuhen und Strümpfen bekleidet. War die Masse so trocken, daß sie krustenhaft von der Haut absprang, blieb auf der Haut ein Muster zurück, wie aus eingetrocknetem Blut gezeichnet. Es war, als solle das Schicksal der Frauen, periodisch zu bluten, hier einmal aus der Verborgenheit und Unreinheit ganz bewußt ins Festliche und Schmückende nach außen gewendet werden, ein Triumphzeichen vollständiger Weiblichkeit. Ich bin aber davon überzeugt, die beiden Damen hätten diesen Gedanken, der mir geradezu auf der hennabemalten Hand zu liegen schien, unnennbar abscheulich gefunden.

Die Wäscherin trat hinzu, um ihren Herrinnen süße Kuchen in den Mund zu stecken. Auch mir wurde davon angeboten, aber ich dankte, denn ich hatte gerade erst zu Mittag gegessen. »Seltsam«, sagte Geetangeli und richtete ihre tief schwarzen Augen in der ihr eigentümlichen uneingeschränkten Offenheit auf mich, »Sie essen nur, wenn Sie Hunger haben. Wir essen immer.«

Die Heiterkeit der Frauen war Ausdruck einer immensen Erleichterung. Ein Druck war von ihnen gewichen. Mit diesem ersten Fastenfest ihrer Ehe erreichte Geetangeli eine Sicherheit, die bis dahin bedroht war. Die Ehe mit Hemant war nicht ihre erste Ehe. Etwas Böses war vorangegangen, eine standesgemäße, auch vom Astrologen wohlgeprüfte, finanziell vorteilhafte Heirat mit einem jungen Brahmanen aus Bombay, bei der aber nach wenigen Tagen ehelichen Zusammenlebens bereits klar geworden war, diese Verbindung müsse für die Frau zu einem Alptraum werden. Sudhir in seinem tiefen Widerwillen, in den Lauf des Schicksals einzugreifen, war der Überzeugung, daß seine Tochter sich in ihr Unglück schicken müsse. Nach seiner Lebensauffassung war der Gegensatz zum Unglück nicht das Glück, sondern ein von Gefühlsbewegungen befreites Nicht-Glück oder Nicht-Unglück, das in jeder menschlichen Lage, auch der unvorteilhaftesten, erreichbar sei. Kitty aber empfand ihre Tochter als die ungetrennte Fortsetzung des eigenen Körpers und gedachte keinen Tag zu dulden, daß dem Mädchen Unrecht geschah. Sie betrieb gegen erbitterten familiären Widerstand die augenblickliche Aufhebung dieser Ehe, aber sie hatte nicht vorausgesehen, wie übelwollend die Rückkehr der soeben mit großer Pracht vermählten Tochter ins Elternhaus in der Gesellschaft besprochen werden würde. Es mußte schnell, sehr schnell ein neuer Ehemann her, auch wenn das mit einem Abschied von manchen Hoffnungen verbunden wäre. Hemant war der Nachbarsjunge, Sohn einer Witwe, entstammte der Kaufmannskaste, war Bankangestellter mit der Aussicht auf eine Karriere, zum Glück sehr hellhäutig, mit einer großen hellen Narbe auf der Stirn, die dadurch noch eisenharter aussah, und sorgfältig gescheiteltem Haar. Er hatte im Tischtennis Preise errungen. Hotelrechnungen, den Tachostand des Autos, kurz, alles, was mit Zahlen zusammenhing, prüfte er mit umständlicher Ernsthaftigkeit, und Kitty lobte ihn dafür: Das war Hemants Aufgabe, darin war er Fachmann, man würde es selber nicht tun, aber wenn er dabei war… Er mochte eine Anlage zur Schwermut haben, aber er gab ihr jedenfalls nach außen nicht nach. Er stand im Schatten, aber das störte ihn nicht. Er interessierte sich ohnehin nicht für andere Leute. Dennoch nahm sein teilnahmsloser Blick gelegentlich etwas Prüfendes an. »Er ist ein guter Junge«, sagte Kitty jeden Tag aufs neue. Diese Ehe mußte gelingen.

Zwei Möglichkeiten ergaben sich aus der heiklen Konstellation: In zukünftigen Tagen der Gereiztheit und des Überdrusses würde die Frau dem Mann vorhalten können, daß sie zu ihm herabgestiegen sei, und er ihr, daß sie keine andere Wahl gehabt hätte. Wenn sie klug waren, würden sie eine gegenseitige Dankbarkeit kultivieren: sie dafür, daß er sie aus penibler Lage gerettet habe, er dafür, daß die Umstände ihm eine Frau beschert hatten, an die er sonst nicht hätte denken dürfen.

Und bisher war alles gutgegangen. Kittys Tochter erwartete das Fastenfest mit Freude. Sunil hatte während der letzten Tage Süßigkeiten-Kartons in solcher Menge ins Haus gebracht, als solle eine Patisserie eröffnet werden; überschwere Nußmarzipan-Würfel vorwiegend, mit Blattgold und Blattsilber veredelt, das waren die üblichen Festgeschenke an eine Vielzahl von Personen; vor der hinteren Wand des Salons stapelte sich das, und die Stapel würden kaum dahinschmelzen, denn es kam schließlich auch allerlei zurück, mit Süßig-keiten bombardierten sich die *bonnes gens* von Bikaner, da hätte es Kitty nichts geholfen, auf ihren leichten Diabetes zu verweisen. Ich staunte, mit welcher Achtlosigkeit die Kartons wechselseitig entgegengenommen wurden, als würden ausgeliehene Gummihandschuhe zurückgegeben, es gab weder einen Dank für »das schöne Geschenk« noch jenen gespielten Freudenausbruch, die in Europa manche derartige Gabe begleitet hätten.

Am Fastentag trafen etwa dreißig Frauen ein, jede von ihnen geschmückt wie ein Idol an seinem Festtag, viel Gold um Hals und Arme und in bestickten Saris, die oft als kostbare Erbstücke gehütet wurden. Die Frauen lagerten sich, von Kissenrollen gestützt, im Salon auf dem Fußboden um Kitty und Geetangeli herum, alle mit bemalten Händen, Kitty in starrer Seide, Geetangelis Gesicht war im Goldgeflimmer ihrer Schleier und Gehänge kaum auszumachen. Draußen lümmelten sich die Chauffeure, drinnen kreiste zum Singsang der Frauen ein Opferteller mit Weihrauch und Kokosnüssen. Es wäre aber nicht Kitty gewesen, die hier so ausdrucksvoll fastete, wenn nicht die örtliche Fernsehstation Sendboten mit schwerer Kamera entsandt hätte. Auch in der Zeitung erschien die Notiz, »Mr. Martin habe der Zeremonie von der Empore aus beigewohnt«. Höchstens zehn Minuten hatte ich zugesehen. Wäre es nicht geradezu ein Bekenntnis zur Geschlechtslosigkeit gewesen, als einziger Mann Zeuge dieser weiblichen Mysterienfeier geworden zu sein?

Als die Opfergesellschaft das Haus schließlich wieder verlassen hatte und auch Geetangeli zu ihrem Mann zurückgekehrt war, blieb noch ein wichtiges Werk zu tun. »Ich werde heute abend die Füße meines Mannes berühren«, sagte Kitty mit undurchschaubarer Miene, und Sudhir bemühte sich gleichfalls, nichtssagend auszusehen: Es war das einzig Angemessene, was eine Ehefrau an diesem Tag tun konnte, so schien er zu denken, aber er lehnte zugleich jede Verantwortung ab, Kitty, die Selbständige, absichtlich in Verbindung mit einem solchen Brauch gebracht zu haben. Als es dunkel war und der Vollmond am Himmel stand, stieg das Ehepaar, immer noch in Festgewändern, auf die Dachterrasse, zur gemeinsamen rituellen Mondbetrachtung. Kitty vergoß Wasser aus einer Muschel und drehte sich dreimal um sich selbst – diese Umdrehung ersetzte die eigentlich gebotene, aber schwer durchführbare dreimalige Umkreisung des Mondes. Dann zog sie mit würdig frommer Bewegung den Schleier über ihr Haar, sah Sudhir wie einem Fremden zerstreut in die Augen, verneigte sich vor ihm und berührte seine Füße.

Sudhir wirkte zufrieden. Dies jedenfalls machten sie richtig. Und auch den letzten Akt des Fastenfestes würden sie nach der Vorschrift ausführen. Sie stiegen langsam die Treppen hinab. Auf dem Eßtisch stand, vor dem Hintergrund jener Mauer aus vergoldetem Marzipan, die vom Ritus geforderte Schüssel mit schwarzen Linsen. Wenn sie davon ein paar Löffel gegessen hatten, rückte ihre Welt für eine Weile wieder ins Lot.

Der Geschmack der reichen Leute

Wenn ich nachts erwachte, hörte ich die Sirene der Eisenbahn, unvergleichbar den Pfiffen unserer Dampflokomotiven, die manchem noch im Ohr klingen mögen; ein machtvolles Orgel- oder Hornsignal vielmehr, aus keuchender Titanenbrust ausgestoßen; es war in diesem weithin über den grauen Sand schallenden Tuten etwas zu Tode Erschöpftes, mit letzter Kraft dem immer noch allzu fernen Ziel Entgegenstrebendes. An Krieg und Gefangenentransport und an einen späten Alarm, der nur noch beunruhigen, aber nicht mehr warnen kann, dachte ich im Halbschlaf. Dies Signal hatte, ins Optische übertragen, etwas Orange-Brandrotes, obwohl in der Elektrolok kein Feuer mehr unter einem Dampfkessel loderte. Langsam kroch sie über Land; was ein Auto auf mäßig enger Straße in fünf Stunden schaffte, dazu brauchte sie mehr als zwölf. Der Zug nach Bikaner war immer ausgebucht, die Abteile mit den kleinen vergitterten Fenstern waren überfüllt, und oft genug saßen auch auf den Dächern der Waggons noch ganze Familien, denen mochte das Schneckentempo willkommen sein. Näherte der Zug sich der Stadt, dann teilte sich die Menschenmenge, die über die Gleise flutete, mit choreographischer Akkuratesse wie die Wogen des Roten Meeres beim Durchzug der Kinder Israel, um sofort hinter dem letzten Wagen wieder zusammenzuschlagen.

Diese Eisenbahnlinie gehörte zu den Vermächtnissen des letzten regierenden Königs von Bikaner. Obwohl das Königreich Bikaner für indische Verhältnisse nicht alt war – ein

Rathor-Prinz aus dem Haus von Jodpur hatte es erst vor fünfhundert Jahren in das leere Wüstenland hinein gegründet –,
wurde es ein wohlhabendes und mächtiges Land. Die Hauptstadt Bikaner lag auf einer der großen Karawanenstraßen zwischen West und Ost; sie wurde eine Handelsmetropole, in der
sich enorme Kapitalien ansammelten. Die Könige hielten
sich immer gut mit den Kaufleuten und ließen unter ihren
Flügeln jene Kaufmannsdynastien entstehen und blühen, denen heute noch viele große Unternehmer Indiens entstam-
men. Nur daß sie nicht mehr in Bikaner sitzen, sondern in
Kalkutta und Bombay. Die Abspaltung Pakistans hat aus dem
einstigen Staat Bikaner ein bloßes Glacis für Truppenaufmär-
sche und Atombomben-Tests werden lassen. Vielleicht wäre
es manchem Strategen gar am willkommensten, wenn die
Stadt Bikaner in den Wüstensand zurücksänke?
In Rajastan tragen die Frauen leuchtende Farben, gerade die
Armen sind noch nicht im industriellen Grau versunken.
Überall gibt es Handwerker, die nach den traditionellen Mustern arbeiten und Stoffe in jener Vielfalt weben und be-
drucken, die das alte Europa fasziniert hat. Es zählt zu den
großen Rätseln der industriellen Zivilisation, daß vor ihrem
Anbruch die Schönheit aller Gebrauchsgegenstände des täglichen Lebens selbstverständlich, unbeabsichtigt und geradezu unvermeidbar war, während nach der industriellen Re-
volution jede immer noch mögliche Schönheit sich keineswegs mehr von selbst verstand, sondern einer besonderen
Absicht und einem ausgebildeten Geschmack entspringen
mußte, und inzwischen jedenfalls zu den Ausnahmeerschei-
nungen unseres Alltags gehört. Das alte Handwerkswesen,
dessen Überlieferungen eine unwillkürliche Schönheit er-

zeugten, lebt gegenwärtig nur noch als Merkmal der Rückständigkeit Indiens, während die Mentalität der industriellen Zivilisation sich schon deutlich ausformt. Wie ein Frommer in seiner Gewissenserforschung in die Vergangenheit zurückgeht, um den Zeitpunkt zu finden, an dem sein Gewissen zu schweigen begann und den viel späteren Entschluß zur Sünde vorbereitete, so verführt Indien den ästhetischen Detektiv, am lebenden Leibe einer sich verwandelnden Kultur den Punkt zu suchen, von dem aus der Verfall des kollektiven Schönheitsempfindens unaufhaltbar wurde.

Der alte Königspalast, vom Gründer des Reiches begonnen und von dem erwähnten königlichen Eisenbahnbauer verlassen – mit dieser Eisenbahn hatte er seinen Untergang als Herrscher unvermeidlich gemacht, denn nun waren dem Zugriff der Zentralgewalt in Delhi keine Schranken mehr gesetzt –, lag außerhalb der ummauerten Stadt und war durch eigene hohe Festungsbastionen geschützt. Seine Erbauer hatten ein mit Wällen geschütztes königliches Lager vor Augen, eine Ansammlung umhegter prunkvoller Zelte. Dieses uralte Vorbild war längst Stein geworden, imposante Steinmassen hatten sich aufgetürmt, aber die Unübersichtlichkeit der Anlage, die Gewohnheit, sich einen Palast als Aneinanderreihung von zeltartigen Pavillons zu denken, also keinen einheitlichen großen Baukörper anzustreben, war erhalten geblieben. Die Schlafzimmer des Königs und seiner Frauen waren zelthaft fensterlos, von Umgängen umgeben, in die durch vorgelagerte offene Säulenhallen das Licht weich einfloß. Wer vom Geschmack auf die politische Haltung schließt, mußte zu dem Ergebnis kommen, daß die Rathors der persischen Mogul-Oberhoheit bedingungslos folgten. In ihren Zimmern war alles auf

Persien abgestimmt. Die örtlichen Handwerker hatten einen sehr feinen Goldstuck entwickelt, mit dessen Ranken sie die Wände wie mit dicken Brokat-Broderien überzogen; ein vom Textilen ausgehender Prunkstil ohne Monumentalität, von der geradezu rührend theaterhaften Fragilität venezianischer Kabinette. Auf indischem Boden hatten die Moguln zu solcher Reinheit und Anmut erst gefunden, als sie dabei waren, ihre Macht zu verlieren, und das Experiment einer Stilvermischung mit der Hindu-Kultur wieder aufgaben. Weder der religiöse noch der ästhetische Synkretismus hatten den Pfauenthron sicherer gemacht.

Es wäre ungerecht zu behaupten, der König der Eisenbahn habe sich als neuen Palast einen Bahnhof gewünscht. Der englische Architekt, den er zu Rate zog, ein Sir Swinton Jacob, konnte auf ein höchstentwickeltes, höchstbefähigtes Handwerkertum im Staate Bikaner zurückgreifen; wie es auch in Europa zu den großen Paradoxien der Entwicklung gehört, daß das Handwerk den Gipfel seiner technischen Möglichkeiten erreicht hatte, als die Industrie ihm den Boden entzog. Der reichlich vorhandene feinporige Buntsandstein von Bikaner ließ jedes mit ihm ausgeführte Bauwerk kostbar erscheinen. Die Steinmetze von Bikaner behandelten diesen seit Generationen vertrauten Stein mit zärtlicher Familiarität, sie verlangten ihm ab, nicht mehr Stein zu sein, sondern raschelnde Seide, knisternde Spitze, durchscheinender Schleier, wie die Eltern einer kindlichen Schlittschuhläuferin dem Körperchen der Tochter eine vogelhafte Schwerelosigkeit antrainieren. Sir Swinton Jacob hätte mit diesen Steinmetzen und ihrem gefügig gemachten Stoff gänzlich entmaterialisierte Kartenhäuser erfinden können, aber sein

Vorbild eines herrschaftlichen Landsitzes – und wohl auch das des eisenbahnverliebten Königs – waren breit hingelagerte symmetrische Kästen mit Corps de Logis und Seitenpavillons, europäische Barockschlösser à la Blenheim, die einen Staat symbolisierten, den es in dieser Form in Bikaner gar nicht gab. Im Inneren verraten die Riesensalons mit den kaum kaschierten Eisenträgern der Deckenkonstruktionen dann doch den Bahnhof und das Hotel als Stilvorbild. Die Fülle der Jagdtrophäen, die aberwitzig geschraubten Gehörne ausgerotteter Antilopen- und Gazellenarten, die Felle der letzten indischen Tiger, an denen die Köpfe mit aufgerissenem Rachen wie chinesische Pappmaché-Masken hängen, die Schwärme ausgestopfter Vögel machen diese Säle zu einem traurig-verstaubenden Naturkunde-Museum, und die hunderte gerahmte Photographien königlicher Jagdgesellschaften zeugen von einer den Sammlern dieser Erinnerungen unbewußten Unfähigkeit zu wirklichen Bildern. Um zu erahnen, was dem Haus Rathor eigentümlich war, müßte man diese monströse Kolonialverirrung, diese pompöse Feier einer Abdankung verlassen und die heute noch lebenden Repräsentanten des Hauses, die Königin-Witwe an der Spitze, bei ihrer jährlichen Wallfahrt in den Rattentempel von Deshnok beobachten, wenn sie sich in ihrer goldschimmernden Fürsten-Pracht mit hochgetürmten Turbanen und fließenden Schleiern, juwelenbesteckt zwischen den hoppelnden Kaba auf den Boden werfen und beten.

Reicher als die Fürsten waren die Kaufleute. Bikaner ist eine Stadt der Kaufmannspaläste; mehr als fünfzig solcher Gebäudekomplexe mit mehreren Höfen, die stets ein ganzes Straßengeviert einnehmen, sind in seinen Mauern erhalten.

Viele von ihnen bewohnt nur die Familie der Wächter. Aber zu den großen Familienfesten, den Hochzeiten vor allem, kehren die Eigentümer in ihre Stammhäuser zurück. Diese hochragenden, die Gassen verdunkelnden Häuser sind mit naiv-üppigen Steinreliefs bedeckt, sie gleichen reichgeschnitzten Galeeren aus Spekulatius. Das England des neunzehnten Jahrhunderts eröffnete diesen Händlerdynastien im Zuge einer Globalisierung, wie es in der Geschichte ja schon einige gegeben hat, den Zugang zum Markt eines Weltreiches. Die Havelis der Kaufleute von Bikaner geben einen Vorgeschmack davon, was von den Reichtumsanhäufungen unserer Tage in ästhetischer Hinsicht übrigbleiben wird.

Kitty unterhielt diplomatische Beziehungen zu einigen dieser Häuser, wie man angesichts der in ihre unabsehbaren Familiennetze vollständig eingesponnenen Milieus wohl sagen darf – ja, man trat, wenn man dort Besuch machte, buchstäblich in Verkehr mit einem eigenen Staatswesen. Sudhir sah diese Familien nüchtern: Wucherer seien sie zumindest in ihren Anfängen gewesen, manche seien es heute noch, die zu hundert Prozent und mehr an die Hungerleider verliehen und den Leuten durch die in ihrem Sold stehenden kriminellen Eintreiber-Banden oft auch ganz handgreiflich den Hals zudrücken ließen. Solche Kommentare machte er stets ohne Zeichen von Entrüstung; in dem heillosen Zeitalter, dem Kali Juga, in dem wir lebten, waren alle Merkmale sittlicher Unordnung im Grunde sogar zu begrüßen, weil sie den Blick auf die aussichtslose Realität nicht verstellten.

Die bleiche, in den hellblauen Sari der Witwe gekleidete Dame, die uns im Rampuria Haveli zum Tee empfing, war in ihrer vornehmen Nonnenhaftigkeit von allem, selbst indirektem Wuchererwesen denkbar weit entfernt; es ist wahrscheinlich, daß sie niemals in ihrem Leben Geld in die Hand genommen hat. Tierische Nestarchitekturen – Fuchsbauten und Bienenstöcke – kamen mir in den Sinn, als wir uns auf engen gewundenen Treppen durch den Riesenorganismus dieses Havelis bewegten, um schließlich in sein Prachtgemach, den großen Saal, zu gelangen. Von fünfzig Kronleuchtern aus buntem Glas, aus gläsernen Blütenkelchen in den Vitrinen, durch das bunte Glas der Fenster wurde hier ein Licht- und Farbzauber erzeugt, der jeden Zirkustraum übertraf. Selbst Beschreibungsekstatiker müßten an diesem Saal ermatten, denn seine aberwitzige Fülle von Ramsch und Nippes aus französischen und englischen Dienstmädchenkammern ergab im ganzen einen Akkord, dessen Schwingungen in der neueren Kunst erst der Surrealismus wahrzunehmen und zu genießen erlaubt hat. In halber Höhe umgab ein Zyklus von Karussellmalereien den Saal: der Eiffelturm, der Trafalgar Square, der Petersplatz. Wir saßen im Schneidersitz auf einer den halben Saal ausfüllenden weiß bezogenen Matratze. An den Wänden paradierten chinesische Koromandel-Throne. In der Schatzhöhle des Großkaufmanns gab es nicht einen einzigen auch nur soliden oder gar schönen Gegenstand. Er hatte sich für sein gutes neues Geld Europa ins Haus holen wollen und war mit jenen Glasperlen abgefunden worden, mit denen er selbst seine Ware in Afrika bezahlt hatte. Immerhin war noch soviel Indien in seinem Blut, daß er sogar mit Porzellanschäferinnen und vernickelten Nachttisch-Nymphen noch ein düster-geheimnisvolles Kinderparadies hatte herstellen können. Seinen Enkeln war auch diese Gabe verlorengegangen.

Ein Schriftsteller empfängt

Indien ist ein Kontinent mit einer uralten Literatur und vielen lebendigen Romanciers – aber wo waren die Bücher? Nun ist Bikaner gewiß der falsche Ort, um nach Büchern auf die Suche zu gehen, und das Ergebnis einer solchen Suche dürfte man gewiß nicht ohne weiteres auf den beträchtlichen Rest des Landes übertragen. Wie viele Einwohner hatte Bikaner? Die Angaben schwankten: zwischen zweihundert- und fünfhunderttausend, je nachdem ob man das Umland mit einbezog. Für indische Verhältnisse war das eine beschauliche Kleinstadt. Aber die Kaufleute und Juweliere und die Offiziere der großen Garnison schienen keine Leser zu sein. Eine Buchhandlung gab es nicht in Bikaner. Sudhir, mit seiner Hingegebenheit an die Riten seiner Religion, besitze, so sagte er mir in seiner ihn bezeichnenden Unaufgeregtheit, »alles«, was auf diesem Gebiet von Bedeutung sei. Ich hatte indologische Bibliotheken in Deutschland bei diesem »alles« vor Augen und fragte mich, ob ich Sudhirs Bücherzimmer wohl bisher übersehen hätte, aber so war es nicht. Ich kannte sie schon, diese rituelle und religionskundliche Bibliothek. Sie wurde in einer Wandnische auf Marmorregalen hinter Glasschiebetüren aufbewahrt – solche verglasten Nischen gehörten zur Grundausstattung einer neueren Villa in Bikaner, meist wurden goldene, niemals benutzte Kaffeetassen dort ausgestellt. Dreißig oder vierzig Bücher, oder besser: mit Klammern geheftete Broschüren, die schlampig und gelegentlich unlesbar photomechanisch reproduziert waren, mochte er in diesem Schrein wohl untergebracht haben; es hätte sogar noch reichlich Platz für Zuwachs gegeben.

Nun ist die Überfülle von Büchern, mit der ein europäischer Intellektuellenhaushalt zu kämpfen hat, keinesfalls schon Beweis einer lebenden Kultur. Als Europa geschaffen wurde, besaßen berühmte Bibliotheken des Abendlandes oft nicht mehr als zweihundert Bände. Was Sudhir an Ausgaben der Sutren und der Veden, des Agni-Purāṇa und der Bhāgavad-Gītā bei sich hatte, war oft aufgeschlagen worden, die Bücher waren voller Lesezeichen, manche geradezu abgegriffen, und daß sich da keine bibliophilen Raritäten und erlesenen Drucke fanden, gab der kleinen Sammlung nur noch größeren Ernst. Aber gekauft hatte er die Bücher in Delhi, soweit sie nicht zur Hinterlassenschaft seines Vaters gehörten.

Und dabei gab es eine öffentliche Bibliothek in Bikaner. Sie stammte, wie jede etwas eindrucksvollere Institution, noch aus der Zeit der Königsherrschaft. Der letzte Monarch hatte begriffen, daß zu einer wirklichen Hauptstadt auch eine öffentliche Bibliothek gehörte, und so war denn aus dem bewährten roten Sandstein ein stattlicher Bau mit hinduisierenden Dekorationen errichtet worden, dunkel und distanziert zwischen den bunten Basarbuden, die sich gerade um diese Pforte zur Weisheit besonders drängten. Eine schöne hohe Halle, pistaziengrün gestrichen, mit einer Fülle von sich träge drehenden Deckenventilatoren an langen Stangen und großen schweren Lesetischen, war der Aufenthalt alter Männer, die hier die Zeitung lasen. Sie breiteten die Blätter aus und stellten auf ihre vier Ecken schön gedrechselte Holzgewichte, damit der Ventilatorenwind sie nicht davontrage. Es gab auch Bücherschränke. Sie standen an den Pfeilern der hohen Halle, mit Fliegendraht oder zersprungenen Glasscheiben geschlossen und gesichert mit riesigen Vorhängeschlössern und Ketten. Drinnen schlief ein in sich zusammengesunkenes Chaos fettiger Schwarten und zerfledderter Hefte. Die schweren Sicherungen hatten etwas von den Methoden der Kriminalpolizei, die einen Ort der Verwüstung zunächst unberührt läßt und nur versiegelt. Wer immer hier als Direktor der Bibliothek auf den Gehaltslisten des Staates figurierte, hatte jeden Gedanken auch nur an die Sichtung des ihm übergebenen Bestandes längst aufgegeben. Und wozu auch? – denn dies war ein Ort des Friedens, gewiß einer der schönsten Räume von Bikaner.

Das Herz der Bibliothek aber war der Schrein einer Gottheit. Die Bibliothek war in diesem Herzen ein echter Tempel. Eine jugendliche Göttin, in neu gefältelten Brokat gekleidet, wachte über das Wissen und begünstigte die hier Lesenden und Forschenden. Immer wieder klang die Glocke, die das Hinzutreten neuer Beter anzeigte, meist junge Mädchen, deren Schleier sich im Ventilatorenhauch blähten und die nach ihrer Andacht vor dem strahlenden Bild ohne einen Seitenblick auf Zeitungen und Buchkästen die Bibliothek wieder verließen.

Wo hat es diese Verbindung von Heiligtum und Bibliothek in der Geschichte schon einmal gegeben? Vielleicht nur im Serapeion von Alexandria, denn die Bibliothek der Moschee Karaouina in Fès ist dem Betsaal nicht eingegliedert, sondern in eigenen Gebäuden angefügt; auch die Mönchsbibliotheken des Abendlandes haben keine Altäre zwischen den Bücherregalen, so kirchenmäßig sich manche dieser Bibliothekssäle auch ausnehmen. Die Göttin Saraswati, die in den

Mauern der Bibliothek von Bikaner so lebhaft verehrte, gab es den Ihren im Schlaf. Wer weiß, wieviel göttliche Weisheit in dem Verzicht der Beter lag, sich einen der Bücherschränke an den Pfeilern aufschließen zu lassen!

Keine Bücher und keine Leser in Bikaner, wohl aber Schriftsteller. Kitty und Sudhir präsentierten mir immer wieder würdige ältere Herren, meist in einem europäisch-indischen Mischstil gekleidet – etwa eine abgetragene zweireihige Anzugsjacke zur Kurta Pajama –: dies sei ein Dichter, und diese Herren fühlten sich offenbar passend charakterisiert. Was für Gedichte schrieben sie? Kitty war nicht imstande, mir einen Begriff davon zu geben: »Kleine Sachen für die Zeitungen«, »Nichts Bedeutendes«, sagte sie in einem Ton, als habe die gesamte Dichterei für sie etwas Unfreiwillig-Komisches. Ob die Herren naive Traditionalisten oder mißverstehende Modernisten oder vielleicht doch gar Hervorbringer eines reinen unschuldigen Gesanges waren, das habe ich also nie erfahren. Doch war es nicht eigentlich ein gutes Zeichen, daß das Dichten in Bikaner offenbar kaum mit dem Lesen, sondern mit dem Hören, vielleicht sogar mit dem irgendwie musikalischen Vortrag zu tun hatte? Nicht durch gedrechselte Gewichte beschwert – auch wenn die Sachen dann doch in den Zeitungsspalten erschienen – schwangen sie sich durch die Luft unmittelbar in die Ohren der Hörer, wo sie verhallten.

Keinen Dichter, aber einen Schriftsteller habe ich besser kennenlernen dürfen; einen alten Staatsbeamten, der nach seiner Pensionierung ein Werk geschrieben hatte, dem er den höchsten Erfolg wünschte. Herr Bajaj hatte von meiner Anwesenheit in Bikaner in der Zeitung gelesen und bat mich um einen Besuch. Sein Haus war groß, mit einer alten Veranda, zwischen deren Säulen Bastmatten die Sonne abhielten; ein großer neuerer Teil schloß sich an, in dem die drei Brüder Bajaj mit ihren vielköpfigen Familien lebten.

Ein Diener führte mich in ein Empfangszimmer, das vor allem von der mir nun schon vertrauten dicken, mit weißem Segeltuch bezogenen Matratze ausgefüllt war; hier konnten gewiß zwanzig Menschen zusammensitzen. Bajaj ließ mich warten. Der Raum war weiß und auf altmodische Weise nüchtern. Wenn ich von den Rechtsanwalts- und Kaufmanns-Milieus las, die mit Gandhi in Verbindung standen und zur Befreiung Indiens von der englischen Herrschaft beitrugen, stellte ich mir die Verschwörer-Treffen in solchen Räumen von kahler Würde vor, streng unterschieden von der mock-edwardianischen Opulenz der Kollaborateure. Sittlicher Ernst und eine daraus fließende Reinlichkeit waren hier zu Hause. An der Wand sah ich als einzigen Schmuck ein Plakat von Herrn Bajajs neuem Buch. Sein schwerer, imposanter Kopf blickte darauf mit leidender Energie in den Himmel.

Der Diener reichte mir das Buch. Schon nach kurzem Blättern ergab sich, daß Bajaj ein Schüler des berühmten Dale Carnegie sein mußte – »How to make friends and influence people« –, ihm aber ging es um eine moralische Erneuerung seines Volkes. Als roter Faden durchzog das Buch die Unterscheidung von »low moral« und »high moral« – »low moral« führte, wie der Autor in immer neuen Anekdoten bewies, in den Abgrund, während »high moral« zwangsläufig reich und glücklich machte.

Bajaj trat nun auf, ein massiger Mann, viel dunkelhäutiger als auf seinem Portrait. Sein Kopf hatte durch die kleine, gerade Nase in seiner Voluminosität etwas Echsenhaftes. Seine weiße Kurta Pajama paßte zu der asketischen Attitüde des Zimmers. Aber er konnte sich mir noch nicht zuwenden. Er war noch beschäftigt. Männer mit Papieren wurden eingelassen, er prüfte die Akten genau und gab dann Anweisungen. Der Diener brachte etwas, holte etwas, die Männer verließen den Raum, ein anderer kam herein.

»Sie sehen, ich bin sehr beschäftigt«, sagte Herr Bajaj, der mich jetzt erst wahrzunehmen schien, »ich habe eigentlich keine Zeit, Besucher wie Sie zu empfangen, aber ich kann verstehen, daß Sie sehr unglücklich wären, wenn Sie mich nicht kennengelernt hätten, und deshalb habe ich mich überreden lassen, Sie zu empfangen.« Ich kroch, leider nicht sehr elegant, von der Matratze wieder herunter und erklärte, daß ich das Mißverständnis bedauerte – sein Sendbote habe mich eingeladen, ich werde mich beeilen, ihn wieder zu verlassen – wo seien meine Schuhe?

In Herrn Bajajs Miene trat eine ängstliche Beflissenheit, die zu seiner mesozoischen Echsenwürde nicht passen wollte. Nein, nein! Er werde nun alles beiseite schieben, alle Pflichten vernachlässigen, die schwere Arbeit des heutigen Tages hintanstellen – er werde jetzt mit mir sprechen, denn ich sei wahrscheinlich schon begierig, etwas über sein Buch zu erfahren. Ich hätte es ohne Zweifel doch gelesen?

»Ja, soeben«, bei diesen Worten ließ ich mich wieder auf der Matratze nieder. Er wälzte sich in meine Nähe. Seine Füße erschienen in ihrer glatten Fleischigkeit überraschend jung. Er wolle mir eröffnen, warum er dieses Buch geschrieben habe. Er habe der Welt etwas geben wollen. »Ich wollte etwas geben«, sagte er und sah mich streng an. Ich hielt es für das beste, auf alles, was er sagte, ohne Widerspruch einzugehen. Man spüre bei der Lektüre, daß er etwas habe geben wollen. Er war von meinen Worten so überrascht, als sei er für das Gegenteil gerüstet gewesen.

»Was halten Sie von meinem Buch?« Diese Frage kam in prüfendem Ton, aber kaum, daß ich den Mund öffnete, fiel er mir schon wieder ins Wort und fuhr fort: »Es ist ein unvergleichliches Werk, nicht wahr? Man muß es unvergleichlich nennen!«

»Auch ich weiß nicht recht, womit ich dieses Buch vergleichen soll«, sagte ich, »auf jeden Fall würde ich sagen, daß dieses Werk auf den Nachttisch eines jeden jungen Menschen in Indien gehört. Es ist ein Lebensbuch, ein guter Kamerad ...«

»Halt«, rief Herr Bajaj, »halt, nicht so schnell!« Auf sein Rufen erschien der Diener und hinter ihm ein Mann mit Stenogrammblock, der Sekretär von Herrn Bajaj, so alt wie sein Herr, gebeugt und spindeldürr und ebenso dunkelhäutig. »Bitte noch einmal: wie sagten Sie es doch so gut mit dem Nachttisch ...«

Der Sekretär schrieb nach meinem Diktat, aber er hörte schwer und sprach wohl auch nur wenig englisch; ich mußte meine Schamlosigkeiten wieder und wieder produzieren, bis jedes goldene Wort dokumentiert war.

»Niemand war so geeignet und berufen, dies Buch geschrieben zu haben wie ich«. Herr Bajaj war jetzt sichtlich zufrieden. »Noch niemals in meinem Leben habe ich eine einzige Lüge ausgesprochen.« Sein Bekenntnis machte ihn nachdenklich. War er nicht zu lauterster Wahrheit verpflichtet? »Man könnte sagen, in hundert Fällen habe ich höchstens zwei- oder dreimal gelogen.«

74

Auch das war eine gute Quote. Ich gratulierte, während ich von der Matratze herunterkroch. »Sie wollen gehen?« rief Bajaj mit allen Zeichen des Entsetzens. »Das ist unmöglich... Jeden Augenblick erwarte ich das Fernsehen... Sie müssen vor dem Fernsehen Ihre Sätze wiederholen... diese unvergleichlichen Sätze... der Nachttisch... der gute Kamerad... das trifft es, das hat es wirklich getroffen...«

Ich hätte dem großen alten Mann den kleinen Gefallen wirklich tun können, zumal ich ohnehin nicht hoffen durfte, daß mein Besuch folgenlos blieb. Schon am nächsten Tag verkündete die Zeitung, mit welchen Worten »der gegenwärtig hier zu Gast weilende Gelehrte Mr. Martin« das neue Buch von Herrn Bajaj gelobt habe. Das Stenogramm des Sekretärs war rechtzeitig vor Redaktionsschluß eingeliefert worden.

Ein Denkmal für den König

Ägypter haben Pyramiden über den Leibern ihrer toten Könige errichtet, und auch einfache Bürger nahmen soviel Hausrat mit in ihre Gräber, daß man daran ihr ganzes alltägliches Leben meint ablesen zu können. Römische Tumuli säumten die Ausfallstraßen der großen Städte, die Inschriften auf den Grabsteinen waren manchmal epigrammatische kleine Kunstwerke. Die Christen bauten Basiliken und Kathedralen über den Gräbern ihrer Heiligen. Man könnte angesichts der Sorgfalt, mit der die meisten Völker der Geschichte sich um die richtige Bestattung ihrer Toten bemüht haben, den Begriff Kultur mit dem der Grabkultur gleichsetzen: In der Sorge um die Toten wurde die ganze Schöpferkraft eines Volkes noch einmal zusammengefaßt.

Das gilt natürlich auch für die Völker Indiens, obwohl für Hindus Gräber die große Ausnahme darstellen. Im üblichen Fall wird hier mit großem festlichem Aufwand alles getan, den toten Körper so schnell wie möglich in Asche zu verwandeln und diese Asche in einen heiligen Fluß, den Ganges vorzugsweise, auszustreuen. Ein Gedenkort der Toten ist da eigentlich nicht vorgesehen. Auch Sudhir reiste, nachdem sein Vater verbrannt worden war, mit der Aschenurne nach Rishikesh, wo der Ganges wie ein breiter Gebirgsbach voll grauem Schmelzwasser aus dem Himalaja-Massiv in die Ebene schießt, und streute ihren Inhalt dort unter den Gebeten und Opfern eines der vielen am Ufer sitzenden Priester in den Fluß. Der feine graue Puder bleibt auf der sanft tanzenden

Wasseroberfläche dann noch ein wenig beisammen, bis untere Strömungen ihn auseinandertreiben und er sich bald im feuchten Geflimmer verloren hat. Der Mann, der wenige Schritte flußabwärts sein Eßgeschirr im Wasser spült, scheint auf die ihm entgegentreibende Asche jedenfalls keinen Gedanken zu verschwenden.

Zu allen Zeiten hat die Tradition, daß es gut sei, die Asche der Toten an ganz bestimmten Plätzen ganz bestimmten Gewässern zu übergeben, bei den Völkern Indiens ein Gefühl für das Zusammengehörige dieser riesigen Landmasse geweckt. Weite Pilgerreisen zu den heiligen Flüssen wurden in Indien auch unternommen, als das Land, wie in der längsten Zeit seiner Geschichte, aus schier unzähligen Königreichen bestand. Dennoch gab es immer auch Ersatzlösungen für die weite, eigentlich vorgeschriebene, aber gefahrvolle und oft schlechterdings nicht zu verwirklichende Pilgerfahrt. Auch in Europa sollen die vielen Pilgerorte die einzig angemessene Pilgerschaft, die zum Heiligen Grab in Jerusalem, ersetzen.

Im Wüstenland von Bikaner sammelt sich da und dort während der Regenzeit Wasser zu durchaus größeren Teichen. Wo niemand sie erwartet, werden diese Teiche gleichsam von selbst zu heiligen Stätten, und so kommt es, daß in ihrer Nähe auch Tote verbrannt werden. Die örtlichen Priester versichern, das Wasser dieser Teiche besitze dieselbe schuld- und seelenerlösende Kraft wie der Gangesstrom, so daß, wer die Reise scheut, die Reste seiner Toten guten Gewissens auch dem stark algenhaltigen, leicht sumpfig riechenden Wüstenteich anvertrauen darf.

Die Zeitung berichtete in diesen Tagen vom allmählichen Sterben zweier Mitglieder der Jain-Religion, eines Mannes und einer Frau, beide zwischen sechzig und siebzig, beide krebskrank, aber keineswegs im letzten Stadium. Sie hatten sich entschlossen, ihren Tod ihrer Erlösung und der ihrer Familie zum Opfer zu bringen, und deshalb aufgehört, feste oder flüssige Nahrung zu sich zu nehmen. Vor ihren Häusern erwartete eine Menschenmenge ihr Ableben in Volksfeststimmung. Mit dem Tod würden diese beiden Kranken als Heilige großen Segen auf ihre Umwelt ausstrahlen. Sie würden nicht verbrannt werden, denn ihr Tod war ein Satī-Tod, ein freiwilliges, vergöttlichendes Opfer, in dem die Seele sich so vollständig vom Körper löste, daß die Hilfe des Feuers zur Auflösung nicht mehr erforderlich war. Dies freiwillige Verhungern schien anders als ein erzwungenes in den von ihrer Krankheit bereits Geschwächten unerhörte Kräfte zu wecken. Ihr Sterben dauerte lang. Es geschah in beständiger Öffentlichkeit, die Spannung auf den Augenblick, in dem die Heiligkeit wie mit einem unhörbaren Knall in die Welt treten werde, wuchs mit jedem Tag.

Nicht bei Sudhir, nebenbei. Er brachte den Jains mit ihrem wirtschaftlichen Reichtum und ihrer demonstrativen Reinheit nicht viel Sympathie entgegen und fühlte sich ohnehin von leicht zugänglicher Heiligkeit umgeben: In vielen Tempeln seiner Nachbarschaft hatte sich eine Heiligenseele im Satī-Zustand von ihrem Leib getrennt – ein Außenstehender würde sagen, der bewußte Heilige habe sich bei lebendigem Leibe begraben lassen. Auf diesen Gräbern lagen schwere Steinplatten, aber ohne Namen oder andere Inschriften, man konnte sie für den Sockel einer Statue halten, die verlorengegangen war. Sudhir wußte aber, wer hier lag, oder besser wer hier hockte, denn die Heiligen hatten sich in Meditationshaltung in die Grube gesetzt und das Zuschütten bewegungslos erwartet.

Bei den Verbrennungen, deren Zeuge ich war, hatte ich die Menge der Holzscheite bemerkt, die alle männlichen Trauergäste zusammentrugen, als wolle jeder an dem großen Auflösungswerk mitwirken. Dazu kamen noch die vorgeschriebenen Blöcke Sandelholz, die dem fleischfressenden Feuer einen wohlduftenden Rauchmantel umlegten. Wo würden Menschen wie die Zigeunerfamilie am Ende der Straße in ihrem Fetzenzelt in Bikaner solche Holzmengen hernehmen, um auch nur ein totes Kind zu verbrennen? Für den Preis eines Scheiterhaufens hätten sie sich ein kleines Haus bauen können.

Sudhirs Miene nahm eine unbestimmte ferne Traurigkeit an. Nein, gewiß, einen Scheiterhaufen könnten sich solche armen Leute nicht leisten, der stürze auch den kleinen Handwerker schon in beträchtliche Verlegenheit; mit Hochzeiten und Leichenverbrennungen gerieten viele in die Hände der Wucherer. Aber was geschah dann mit den Leichen der Armen? Gab es einen Armenfriedhof? Nein, antwortete er, von einem Armenfriedhof wisse er nichts. Bis vor kurzem habe es in Indien noch die Geier gegeben, bis sie an einem Medikament, das den Kühen neuerdings gespritzt werde, zugrunde gegangen seien. Ich spürte, daß es ihm nicht angenehm wäre, wenn ich weiter fragte. Mein Eindruck war nicht, daß er mir eine krasse Wahrheit verhehlen wolle, sondern daß ihm soeben erst klar wurde, daß er sich zu dieser Frage noch niemals Gedanken gemacht hatte.

Ich habe nicht herausgefunden, aus welcher Zeit das Bedürfnis der indischen Fürsten stammte, einen Zwischenweg zu finden zwischen dem gebotenen restlosen Verschwinden des entseelten Leibes und einem friedhofsartigen Ort der Erinnerung, der mit dem letzten Aufenthalt der Leiche in Verbindung stand. War es das Vorbild der muslimischen Moguln, mit denen diese Fürsten kämpften, denen sie sich unterwarfen, gegen die sie intrigierten und mit denen sie kollaborierten? In Agra und Delhi, den Kaiserresidenzen, ließen die Moguln Grabbauten für sich und ihre Frauen errichten, die zu den schönsten Bauerfindungen der Erde gehören. In diesen Mausoleen wurde ein eigentümliches Spiel aus Pomp und Verborgenheit getrieben. Unter domhohen Marmorkuppeln stand der winzig anmutende, schmuck- und inschriftlose Sarkophag des Herrschers – aber er war leer. Der architektonische Glanz umgab eine Attrappe. Die Gebeine des Moguls lagen irgendwo in einem kryptaartigen Kellergewölbe. Drückte sich darin nur Furcht vor der Entehrung des Grabes aus, wie sie eine Erobererdynastie im fremden Land wohl anwandeln mochte, oder war ein religiöser Gedanke dabei im Spiel, eine Bestätigung der Scheinhaftigkeit allen menschlichen Ruhms?

Jedenfalls begannen die Hindu-Könige unter Mogul-Souzerainität, den Ort ihrer Verbrennung wenigstens zu markieren. In Bikaner hatte sich in den Jahrhunderten nach Gründung der Stadt ein steinerner Hain gebildet, der Aufbruchsort vieler Fürsten, ihrer Frauen und Kinder in die Unkörperlichkeit. Sudhir sagte mir, er werde mir heute abend, wenn die Hitze nachlasse, einen Ort »mit vielen Sonnenschirmen« zeigen, und tatsächlich hätte man diese Ansammlung eleganter marmorner Baldachine so nennen können. Wie viele es waren, eröffnete sich erst, wenn man das Gelände hinter den hohen

Mauern betreten hatte. Nichts erinnerte daran, daß Menschen hier verbrannt worden waren. Nichts mehr von den parfümierten Ölen, mit denen man die in Goldstoff gehüllten Leichen übergossen hatte, von den Opfergaben, die rings um den Scheiterhaufen dargebracht wurden, von dem süßen Reis und den Früchten, den Mandeln und dem Honig und dem Butterfett, das nach der Verbrennung der Leiche die Krähen und die Hunde anlockte und sie rund um die zu einem Häuflein zusammengefallene Glut picken und schnüffeln ließ. Der Wohlgeruch des Sandelholzes war verflogen, aber auch der darunterliegende Bratengeruch, der vielleicht dazu beitrug, daß gerade die mit den Verbrennungen am häufigsten in Berührung kommenden Priester so mühelos auf das Essen von Fleisch verzichteten. *Devikund Sagar*, so hieß der Ort, lag, wie sein Name sagte, an einem großen Teich, der wie in einem englischen Landschaftspark in mehrere Buchten auslief, nur daß er nicht in Rasen gebettet war, sondern zwischen Sandhügel. Baldachin reihte sich in dichter Folge an Baldachin, nur die ersten waren marmorn, sowie man zu den älteren kam, herrschte der rote Sandstein von Bikaner wieder vor. Man bewegte sich zwischen diesen auf kostbaren Säulen ruhenden steinernen Zeltdächern, die sich unter dem Hauch einer Brise zu blähen schienen, als sei man in einer stilisierten Stadt. War unter jedem Baldachin einmal ein Scheiterhaufen aufgestapelt, hatte jeder das Verglühen eines Körpers beschirmt? Oder waren diese Steingezelte nicht doch erst nach der Zeremonie der Einäscherung errichtet worden? Jetzt mußte man glauben, der Körper des Königs, der Prinzessin, eines kindlichen Prinzen – diese Unterschiede wurden nicht durch Inschriften, sondern durch die Größe der Bauwerke bezeichnet – hätten sich unter den Dächern in Rauch aufgelöst. Nichts war von der königlichen Person zurückgeblieben, und deshalb war es auch angemessen, daß hier nun keine Tafeln und Ruhmesepitaphe angebracht waren, sondern daß das reine Nichts unter den kostbar gemetzten Dächern anschaubar wurde.

Abend- und Morgenstunden, die überall, selbst ins Trostlose und Verpatzte, einen Hauch von Hoffnung und Schönheit und Sehnsucht tragen, steigern diese Wirkung über indischem Boden ins Vielfache. Aber ist das Licht dort nicht ebenso rötlich wie über Stuttgart oder Mannheim? Das ist es nicht, und es mischt sich noch ein rauchiges Blau hinein und trägt eine Verheißung in sich, die kein Ort auf Erden zu erfüllen vermag, so übergroß ist sie – wie gewisse Augenblicke in der Liebe möchte man diese Morgen- und Abendstunden wieder und wieder zurückrufen und noch einmal ablaufen lassen, weil das beste an ihnen dem Zugriff der sinnlichen Erinnerung immer wieder entgleitet.

Als ich den *Devikund Sagar* besuchte, war das Nichts unter den Baldachinen aus rötlichen und bläulichen Rauchsubstanzen gewoben; der beschirmte Raum war gleichsam mit dichtem Licht gefüllt. Der See lag wie Blei, die Steindächer, die sich städtisch hintereinander staffelten, sanken ins Schwarz. Im Halbdunkel sahen wir ein Lämpchen glühen, vor dem Baldachin einer Prinzessin, die sich mit der Leiche ihres Mannes hatte verbrennen lassen und deshalb zur Gottheit geworden war. Ein Priester, der einzige lebende Mensch auf dem weiten Totengelände, wachte bei ihrem Schrein und schmückte ihn mit den gelben, in ihrer Saftigkeit immer auch schon halbverfaulten Nelkengirlanden.

Die leeren Königsbaldachine erschienen mir als die schönste

und richtigste Form eines Denkmals. Ein königliches Thron-
zelt über einem Nichts, das ist die wahrhaftigste und auch
ehrfürchtigste Rede, die einem Toten gehalten werden kann.
Was er war, ist schon sehr bald nicht mehr faßbar. Aber daß
er – und sei es auch nur schlecht und recht – ein Menschenleben mit seinen hochfliegenden, zur Enttäuschung bestimmten Hoffnungen und seinen stillen Tapferkeiten durchge-
standen hatte, das durfte man schon annehmen. Er war ein
Nichts geworden, das aber Ruhm und Ehre verdiente.
In Neu-Delhi nahe dem *Gate of India* stand gleichfalls ein
solcher Baldachin, nur viel größer. Er stammte aus englischer
Zeit. Die Engländer hatten wenig von ihren braunen Unter-
tanen gelernt und waren so unvorsichtig gewesen, König
Georg V., den Kaiser von Indien, hoch zu Roß auf diesen
Sockel zu setzen. Längst ist sein Monument weggeschafft und
in die stinkendste Ecke der Stadt verbannt. Der Baldachin
sollte nun eine Gandhi-Statue aufnehmen. Zum Glück für
Gandhi ist es so weit nicht gekommen. Leer ist der ihm bestimmte Platz geblieben, als sei der Rauch seines Totenfeuers
eben erst in der Luft zergangen.

Am Ufer des Saraswati

Kitty brach nach Delhi auf, um Sudhirs alte Mutter zu besuchen und auf eine große Hochzeit zu gehen. Das Packen für ein paar Tage war nicht leicht, wenn man sich viermal am Tag umziehen möchte. Sikander hatte ein Reisepicknick aus warmen und kalten Speisen vorbereitet, Wärmetaschen und Kühltaschen standen bereit, es war ein solcher Haufen Gepäck zusammengekommen, daß er in einem eigenen Wagen zum Bahnhof vorausgeschickt werden mußte. Auf dem Bahnhof kletterten hellgraue Affen mit langen Schwänzen und schwarz-ledrigen Maskengesichtern die gußeisernen Pfeiler hinauf. Der Zug schob sich schnaufend und zischend wie gegen starken Widerstand in den Bahnhof. Kitty würde die Fahrt in einem Liegeabteil zubringen, im Schneidersitz auf ihrer engen Lagerstatt, mit etwas Platz, um ihr Picknick um sich herum auszubreiten. Der Abschied von Sudhir war nicht gefühlvoll, nach meiner Vorstellung sogar besonders kühl, aber auch viel jüngere Paare trennten sich ohne Umarmung und Küsse, der gesellschaftliche Konsensus verlangte in der Öffentlichkeit ein strikt unpersönliches Verhalten. Sikander erhielt letzte Befehle, nachdem er einen Koffer, der ebensogroß war wie er selbst, ohne sichtliche Anstrengung in den Waggon bugsiert hatte. Die raupenhafte Langsamkeit, mit der der Zug aus dem Bahnhof kroch, legte die Vorstellung nahe, Kitty habe eine Reise bis ans Ende der Welt vor sich, als werde es lang dauern, bis wir sie wiedersähen.
Sudhir hatte diesen ersten Tag der Abwesenheit von »Ma-

dam« zu einem Feiertag für das Personal erklärt und den
Chauffeur, Sunil und Sikander zu einem Ausflug eingeladen.
Sikander war ungewohnt heiter: Morgens hatte er am Telephon zum ersten Mal das zarte Quäken seines Sohnes in Bihar gehört, er machte es uns immer wieder vor. Sein helles
militärisch heiseres Organ bemühte sich, kleine Pieptöne wie
von einer jungen Katze nachzuahmen. »He is blessed with a
son«, das klang aus Kittys Mund leicht ironisch, aber der Segen, der von diesem fernen Söhnchen auf Sikanders Gesicht
ausstrahlte, war offensichtlich; sein ganzes Leben, getrennt
von der Familie, hatte für ihn einen neuen Glanz bekommen.
Sudhir saß heute am Steuer, ich neben ihm, die drei Diener
auf dem Rücksitz, in beständigem leisen Gelächter und klei-
neren Balgereien. War durch Kittys Abreise ein Druck von
ihnen gewichen?
Unser Ziel war ein etwa zwanzig Kilometer von Bikaner entfernter Wallfahrtsort, auf kleinen Straßen durch die Wüste
erreichbar. Wer mit dem Begriff Wüste mild vom Wind ge-
formte Dünen aus honigfarbenem feinem Sand verband,
lernte hier, daß Wüste vor allem mit »wüst« zusammen-
hängt. Dünen kamen zwar hin und wieder auch einmal vor –
in Dünen verbirgt sich die Lebensfeindlichkeit der Wüste
hinter den harmonisch geschliffenen Formen einer dekorativen Abstraktion. Auf die Dünenhänge schrieb der heiße
Wind im Sand Wellenbewegungen wie auf eine Wasseroberfläche und gab den amorphen Haufen eine edle Gestalt. Das
aber war selten. Meist fuhren wir durch hart unfruchtbares
Land, über erstickten Boden wie auf einer Baustelle, wo das
niedergetrampelte Erdreich mit grauem Zement bestäubt ist.
Hier und da fanden dürre Bäumchen offenbar genug Nah-

rung für ein kümmerliches Leben; diese schüttere Vegetation trug zum Eindruck der Ausgesogenheit noch bei. Am Horizont sah man gelegentlich eine Frau in safrangelbem oder ultramarinblauem Sari einherwandeln, ziellos und zeitlos, wie es schien. Die Straße war halb von Sand zugeweht. Nach heftigerem Wind sei sie unpassierbar, sagte Sudhir, der jetzt schon sehr geschickt steuern mußte, damit sich die Räder nicht plötzlich auf einem Sandhaufen im Leeren drehten.

Shri Golgrad Jij war zunächst nur eine kleine Siedlung schäbiger Häuschen, aber dann tat sich ein Blick von Sattheit und Heiterkeit auf. Wir brauchen Kontraste, um überhaupt etwas sehen zu können. Der große runde Teich oder der kleine See – dies Gewässer lag an der Grenze zwischen den Begriffen – war von märchenhaft dicken Bäumen mit quellendem Wurzelwerk und großen Blättern und von rötlichen Tempeln umgeben. Breite Treppenanlagen führten zum Wasser. Die *Shikaras*, die Tempeltürme, waren mit flatternden Wimpeln geschmückt wie die Masten von Segelbooten, die am Ufer vor Anker liegen. Blickte man auf diesen Wasserspiegel, wurde die Fahrt durch die Wüste zu etwas Unwirklichem.

Sudhir erklärte mir, dieser Teich gelte in Bikaner als ein Klein-Benares. Wie dort stiegen die Pilger auf den Stufen der Ghats, der Treppenanlagen, zum heilbringenden und reinigenden Wasser hinab, badeten und vollzogen die vorgeschriebenen Ganz-Untertauchungen bei Aufgang der Sonne, diese Selbsttaufe im Anblick des rot auferstehenden Sonnenleibes. Er selbst habe sich seinen Traum einer Wallfahrt nach Benares noch nicht zu erfüllen erlaubt – Kitty wünsche es nicht, sie fürchte, er kehre derart beeindruckt zurück, daß sich das eheliche Verhältnis ändere, und auch er schließe so etwas nicht aus. Statt dessen besuche er gelegentlich diesen alten, wahrhaft uralten Ort – viel älter als Bikaner, lange vor der Gründung des Königreiches sei dieser Ort schon uralt gewesen.

Woran erkennt man das Alter eines Tempels? Waren diese Tempel einander nicht alle gleich? Hatte das Sakral-Reglement nicht durchgesetzt, daß die Tempel sich seit Jahrhunderten in ihrer Konzeption und ihrem Detail so gut wie gar nicht änderten? Aber wie sollten diese Tempel hier die allgemeine muslimische Zerstörung der Hindu-Heiligtümer überstanden haben?

Nein, sie hätten sie nicht überstanden. Es habe mehrere Zerstörungswellen gegeben, schon bei den ersten Eroberungszügen aus Afghanistan, dann zum Schluß noch eine späte unter Kaiser Aurangzeb. Was hier stehe, sei alles neu, sagte Sudhir mit einem Gleichmut, als blicke er durch diese neuen Fassaden hindurch und erkenne dahinter, was vor tausend Jahren hier gestanden habe und in Wahrheit noch immer hier stehe. Nun erkannte ich es, daß unter den vielen Farbkrusten, die alle zugleich abblätterten, Zement und Putz steckten und nicht liebevoll behauener Stein. Was sich von fern zu einem schönen Bühnenbild fügte, hatte aus der Nähe etwas von orientalistisch-kolonialer Hotelarchitektur. Und doch fiel es bei unserem Aufenthalt an dem heiligen See immer wieder, dies: »Alt, sehr, sehr alt«, gemurmelt in zufriedener Geistesabwesenheit.

Dieses »Alt, sehr sehr alt« war mir auch vorher schon häufig in Indien begegnet: Es konnte sechzig Jahre oder dreitausend Jahre bedeuten. In einem Land, in dem die meisten Menschen unter fünfundzwanzig Jahre alt sind und viele schon mit vierzig sterben, sind sechzig Jahre eine Zahl, die über den eigenen Lebenshorizont bereits deutlich hinausweist. »Alt ist er wie ein Rabe, / kennt manches Land«, sagt Matthias Claudius aus dieser Perspektive über den Mond, »mein Vater hat als Knabe / ihn schon gekannt.« Das ist eine Definition des Alt-Seins, die der menschlichen Erfahrung entspricht; das Rechnen mit kunsthistorischen Epochen – die auch noch ständig revidiert werden – bleibt dagegen blaß.

Sikander war so beglückt beim Anblick des Wassers, daß er kurz entschlossen Hemd und Schuhe auszog und in seinen langen Hosen und indem er sich wie eine Kanonenkugel zusammenzog, mit einem Salto von der hohen Ufermauer hineinsprang; ganz ungefährlich war das nicht, denn besonders tief konnte dieser Regenwasserteich nicht sein. Für den kleinen Kerl war er jedenfalls tief genug. Aus dem völlig undurchsichtigen Moosgrün tauchte er unversehrt und strahlend auf. Er schwamm wie ein junger Hund. In Bikaner hatte er das wohl nicht gelernt.

»O, sie haben Teiche dort in Bihar«, sagte Sudhir. Er freute sich, daß Sikander glücklich war. Ein junger Ruderer bot eine Fahrt im Ruderboot an. Eine solche Fahrt hatte aber nicht den Sonntag-Nachmittag-Amüsier-Charakter wie in einem europäischen Park. Es gehörte zum Wallfahrts-Ritual, daß der heilige Teich die Pilger auf seinem Rücken trage. Der pudelnasse Sikander wurde ins Boot gezogen. Er rudere in der achtunddreißigsten Generation auf diesem Teich, sagte der Ruderer. Wer darüber wohl Buch geführt hatte? Sudhir hielt das für möglich. Dies Rudern war bereits ein halber Priesterdienst, darüber werde durchaus gewacht. Ob es dem Ruderer wohl etwas bedeutet hätte, daß nicht ein einziges europäisches Fürstenhaus über so viele Generationen Rechenschaft ablegen konnte?

Nach der Landung bestellte Sudhir in einer Bude für dreißig dort hockende Bettlerinnen Tee mit fetter Milch, die eine Haut bildete. Es war ein Festtag. Er stand abseits von seinen Dienern, die vergnügt miteinander rangelten, ihre Kindlichkeit wurde sichtbar. Im Auto verströmte Sikanders nasse Hose den starken Geruch des fauligen Teichwassers. Abermals erhielt ich eine Lektion über den Unterschied von hygienischer Sauberkeit und religiöser Reinheit. Das Teichwasser war rein, mochte auch manches Ungute aus den Häusern des Tempelstädtchens hineingeflossen sein. Auch Kitty, die jedesmal, wenn sie sich im Lauf des Tages umzog, unter die Dusche ging, scheute sich nicht, am Millionenbad, der großen *Kumba Mela* von Allahabad, teilzunehmen und inmitten einer drängelnden Menschenmenge, in einen nassen Sari gekleidet, im braunen Gangeswasser unterzutauchen; sie besaß ein Photo von dieser Szene, es zeigte sie gebeugt und um Halt auf dem unebenen Grund bemüht, der Stoff am Leibe klebend, in der trüben Flut. Auch in diesem Augenblick der Hingabe an das religiöse Gesetz, einem der seltenen wehrlosen Augenblicke ihres Lebens, war der Wunsch, ihn zu dokumentieren, nicht verstummt.

Sudhir wünschte den kleinen Ausflug zu krönen. Es gab hier in der Nähe ein weiteres Heiligtum von großer Bedeutung, aber nur wenigen bekannt, wie er sagte, das besuchten nur die Leute aus der Gegend, die Dörfler aus der Wüste. Wir fanden den Weg nicht leicht. Über Sandpisten näherten wir uns Dünen am Horizont, aber dort lag dann doch nicht, was Sudhir suchte. Schließlich hielten wir an einer besonders häßlichen Stelle, der Boden war durch später liegengelassene Arbeiten aufgewühlt, in einem gewissen Abstand erhob sich ein im platten Land riesenhaft wirkender Fernleitungsmast, ein einsamer Eiffelturm. Aber nachdem wir den Sandhügel bestiegen hatten, öffnete sich der Blick auf ein schönes Bild – wieder Wasser in der Wüste, ein stiller flacher Teich, von Baumriesen umstanden, deren jeder in seinem individuellen, unbestimmt tragisch wirkenden Ausdruck zu einem Baum-Heiligtum getaugt hätte. Ein Ochsenkarren mit Tank hatte soeben Wasser aufgenommen und verließ den Teich in musikalischer Langsamkeit. Auf dem Hügelkamm stand ein kleines Haus, ein weißer Würfel, davor ein geflochtenes Bauernbett. Ein alter Mann mit geschorenem Haar, halbnackt, sehr abgemagert, sehr braun, mit einem weißen zur Hose geschlungenen Tuch um die Lenden, hatte sich von dem Bett, auf dem er im Schneidersitz gesessen hatte, erhoben und näherte sich uns mit verschlossener Miene.

Sudhir verneigte sich mit vor der Brust gefalteten Händen und sprach ihn an. Der Einsiedler werde uns nun den Keller zeigen, in dem vor vielen hundert Jahren – »vor langer langer Zeit« – sein heiliger Vorgänger gesessen habe und in dem er selbst heute oft sitze. Das Treppenhaus war eng wie ein Brunnenschacht, der Kellerraum fensterlos, weißgekalkt. Ein Lager war darin aufgeschlagen, ein paar Flaschen und Büchsen standen ordentlich aufgereiht, eine Glühbirne brannte. Hier unten war es viel stickiger als draußen, luftlos und backofenheiß. »Hier hat er gelebt.« Natürlich ohne Glühbirne. Was in diesem Ofen mit dem Menschen vor sich gegangen war, verschwiegen die Wände. Sie spiegelten nicht die Bilder wider, die er in ihrer Nacht schaute, und erst recht nicht ihr

Bleicherwerden, ihre Auflösung, nicht die Qual, sich hier aufzuhalten, aber auch nicht das allmähliche Verebben dieser Qual, das Selber-zu-Hitze-und-Dunkelheit-Werden und an diesem So-Sein ebensowenig zu leiden wie andere Leute unter ihrer Augenfarbe. Was war es, das den Heiligen gerade auf diesen Hügel, in dieses Kellerloch geführt hatte?

Sudhir erzählte mir von den drei heiligen Strömen Indiens, dem Ganges, dem Jamuna und dem dritten, in mancher Hinsicht bedeutungsvollsten, dem Saraswati, dem unsichtbaren, oder besser: dem eines Tages unsichtbar gewordenen, zu reinem Fluß-Geist gewordenen Strom. »Hier, genau hier, ist einst der Saraswati vorbeigeflossen, wir stehen auf diesem Hügel am Ufer des Saraswati.«

Die Abendsonne ließ den flachen Teich zwischen den Bäumen aufblinken; es war von diesem Winkel aus ganz leicht sich vorzustellen, man blicke durch einen Auwald auf einen Fluß hinab. Die Übung leuchtete mir ein: Hier oben lange zu sitzen und sich den durch das staubtrockene Land unsichtbar wälzenden Strom, sein Flimmern und seinen feinen Flußwasseratem vorzustellen – denn beim Saraswati durfte man sich die Sauberkeit und die Reinheit gewiß einmal zusammendenken. Ein Leben damit zubringen, am Ufer eines geistigen Flusses zu sitzen. Der Heilige damals wollte noch weitergehen: er wollte sich im heißen Keller den Wunsch abziehen, den Fluß eines Tages zu sehen. Die Gewißheit, an diesem Fluß zu sitzen, mußte stärker sein, als sie ein Bild hätte schenken können.

Das waren meine Gedanken, der Einsiedler sagte nichts dergleichen, sondern nur: »Wenn die Bauern weiter Wasser aus dem Teich nehmen, wird er bald ausgetrocknet sein.« Nichts war ihm gleichgültiger.

Das Besuchen

Die alte aristotelische Forderung für den Bau eines Theater-
stücks verlangte die Einheit von Zeit und Ort – das ganze
Stück sollte sich im Ablauf eines Tages in ein und demselben
Zimmer oder Haus oder auf dem Platz davor entwickeln. Dieser eiserne Rahmen hält das Stück zusammen, aber er verleiht
ihm notwendig auch eine Künstlichkeit, eine schon aus der
Form manchmal sogar unfreiwillig sich ergebende Komik,
wenn da ein größerer Personenkreis nichts anderes zu tun hat,
als sich stundenlang in demselben Zimmer herumzudrücken.
In keiner Wohnung Deutschlands könnten sich alle möglichen Leute hintereinander die Klinke in die Hand geben,
angemeldet und unangemeldet erscheinen, weglaufen und
wiederkommen, dabei ihre Freunde verfehlen und ihren Tod-
feinden in die Arme laufen. Eine Komödie von Gogol oder
Goldoni oder Beaumarchais fordert vom Zuschauer Lizenzen
der Wahrscheinlichkeit, die in scharfem Gegensatz zum psy-
chologischen Realismus dieser Stücke stehen. Ich war aber
davon überzeugt, daß strenge Formprinzipien des Klassizismus
immer ein Äquivalent in der Natur haben oder einstmals
hatten, weil wirklicher Klassizismus niemals gegen, sondern
immer mit der Natur argumentiert. Wie das kunstvollste Ka-
pitell der Kolossalordnung, das korinthische, in seinen schönsten Beispielen nichts anderes als ein naturgetreues Abbild
der Akanthus-Staude ist, muß es auch Verhältnisse gegeben
haben, die das aristotelische Theater als lauteres Abbild na-
türlicher Verhältnisse der Gesellschaft erscheinen ließen.

Bikaner liegt weit von Griechenland, von Venedig und Paris, aber es verschaffte mir die Anschauung einer Lebenswirklichkeit, aus der ein klassischer Komödienstoff gewonnen werden könnte. Gewiß hat das Besuchswesen, wie es hier gepflegt wurde, nichts spezifisch Indisches. In Europa hat es das lange genug genauso gegeben, wir haben es nur vergessen. An Sonntagvormittagen zwischen zwölf und eins glichen auch in Deutschland manche Häuser Taubenschlägen. Es ging, wie man hier schon versteht, nicht um den Besuch lieber Freunde, die zum Essen oder zum Plaudern empfangen werden, sondern um den zeremoniellen, den geschuldeten Besuch, und natürlich ist wie in der alten Komödie ein Diener erforderlich, damit dies Ritual in der richtigen Weise ablaufen kann. Es gab Auftritte und Abgänge, es gab Meldungen und die Anweisung, die Gäste einzulassen oder mit Vertröstung auf später abzuweisen. Viele Gäste brachten Diener und Fahrer mit, die sich ums Haus herum aufhielten und gleichfalls erfrischt werden mußten. Daß Besuch im Hause weilte, konnte man schon draußen erkennen, an den Wartenden; die Grundkonstellation der alten Komödie, daß der Herren- eine Diener-Ebene entsprach und daß die Verwicklungen der Herrschaft durch Verwicklungen bei den Dienern ein Spiegelbild erhielten, war in Bikaner gleichfalls als Möglichkeit gegeben.

Die Besucher wahrten noch eine weitere Komödiendisziplin. Sie traten überraschend auf, aber sie blieben nicht lange, sie gehorchten den Gesetzen einer hohen Mobilität. Kein Besucher hatte für diesen einzigen Besuch sein Haus verlassen, jeder hatte eine Liste derer vor sich, die noch besucht werden mußten. Die natürliche Begrenzung der Besuchszeiten waren die Mahlzeiten, da blieb die Familie meist unter sich, und mit guten Gründen: Es gab so viele Fastenvorschriften, Kastenregeln, Reinheitsschranken und Bedenken zu berücksichtigen, daß die arglose Einladung zum Essen viel Verlegenheit zur Folge haben konnte. Kittys beste Freundin, die Frau des Steuereinnehmers, war Muslimin, da verbot sich ein gemeinsames Essen ohnehin; wenn Kitty ihre Freundin besuchte, ließ die Dame das Essen aus einem Hotel kommen.

Oft erkannte man die Umrisse der neuen Gäste schon in der Halle, während Sikander sie gerade erst meldete. Die Begrüßungsformen waren abgeschliffen, nach den vielen Besuchen hatte niemand mehr genügend Kraft, die Füße einer Ehrenperson wirklich zu berühren, man machte nur eine ungenaue wedelnde Bewegung, als wolle man in Kniehöhe des anderen eine Wespe verscheuchen, und auch das Falten der Hände zum »Namaste«-Gruß kam nicht richtig zustande, die Hände machten nur eine schwächliche Bewegung aufeinander zu. Angeboten wurde immer dasselbe. Sikander hatte ein Tablett mit verschiedenen Schalen vorbereitet, Pinienkerne, Nüsse, Pistazien, die er tief gebeugt und barfuß, vor den Gästen tänzerisch trippelnd, immer wieder einladend hinhielt, und jeder wählte mit Sorgfalt ein immer neues Nüßchen und biß es mit weißen Zähnen durch. Dazu wurde Coca-Cola serviert, in jener aberwitzigen Konsequenz, mit der man – auch in streng islamischem Milieu – gerade bei Befolgung der religiösen Speisegebote ausgerechnet beim abscheulichsten Produkt des großen Feindes landet.

Es gab die lästigen Besuche, Besuche, die nicht erwidert werden mußten, Besuche der Klienten, wie ich sie nannte, der Bittsteller und Almosenempfänger. Bei ihnen bot Sikander

das Nußtablett nur einmal an. Kitty telephonierte ungehemmt in ihrer Gegenwart; wenn das Telephongespräch zu
Ende war, tat sie nachgerade verblüfft, daß die Leute noch
immer dasaßen. So standen zum Beispiel drei Brüder, ältere
Männer in traditionellem Weiß, auf der Schwelle, harrten
ohne weitere Konversation eine Weile auf dem ungewohn-
ten Sopha hockend aus und faßten dann, gleichzeitig, wie mir
schien, aber stumm, zu ihrer eigenen Erlösung den Entschluß
zum Aufbruch. Diese Art Besuche gab es in großer Zahl, es
waren auch Kaufleute aus der Umgebung darunter, die ihren
Respekt vor den Kunden bezeigen wollten. Nicht so selten
bestand ein Besuch in einem einfachen stummen Verweilen,
einem Dieselbe-Luft-wie-Kitty-Atmen, bevor man sich ebenso überraschend trollte, wie man eingetreten war.
Die arme, verlassene Ehefrau mit ihrer Tochter wurde allerdings ins Schlafzimmer vorgelassen und saß, während Kitty
sich in den Kissen räkelte, bedrückt auf einem Stühlchen. Sie
hatte einen unverzeihlichen Fehler zu büßen: eine Liebesheirat. Als Brahmanin war sie einem Sikh gefolgt, »einem Men-
schenfresser«, sagte Kitty, »mit riesigem schwarzem Bart,
ein Trinker, der sie regelmäßig schlug und keine Rupie für
seine Tochter zu geben bereit ist«. Ihr ganzes Grauen vor der
Fremdartigkeit der Sikhs in ihrer athletischen Körperlichkeit, ihrem soldatischen Männlichkeitskult und ihrer unkla-
ren Kasten-Substanz durfte sich hier, bei diesem Scheusal
von Ehemann, endlich einmal ungehemmt aussprechen. Lie-
besheiraten, so Kitty, gingen immer schief. Sie versäumte
nie, wenn sie von einer unglücklichen Frau sprach, das Wort
»Liebesheirat« hinzuzufügen. Die Frau des Sikhs war in ihrem Unglück auseinandergelaufen, ihre umschatteten Augen

lagen in unfrischem Fett, aber ihre Tochter hatte Augen voller Schönheit und Nachdenklichkeit. Sie war erst vierzehn, hörte ich mit Staunen, ich hatte sie für zwanzig gehalten, denn ihr Körper war schon ganz weiblich und auf ihrer Oberlippe lag leichter Flaum. Mir schien, daß ihre bedrängte Lage sie nicht verzweifeln ließ, sondern ihren Trotz weckte. Sie wollte ihr Zwischen-die-Kasten-geraten-Sein als Chance nutzen, sie wollte in eine große Stadt, wo es niemanden interessierte, woher man stammte, so hatte sie das jedenfalls gehört.

Sie trug Jeans, sie lehnte den Sari ab. Ihre Augen betrachteten mich mit Wohlgefallen, ich konnte den Blick kaum ertragen. Während der gedämpften Klagen der Mutter gab ich mich der eitlen Vorstellung hin, wie leicht es wäre, im Leben dieses Mädchens Schicksal zu spielen. Am anderen Tag gab Kitty mir einen kleinen Spiegel in hübschem Holzrahmen mit Messingeinlegearbeit, den habe das Mädchen mir soeben schicken lassen. Ich konnte nicht anders, als diese Gabe als einen Tadel zu begreifen.

Und schon wurde die Familie Kothari gemeldet, die vollzählig erschien: das üppig von Butterfett genährte Ehepaar und fünf halbwüchsige Kinder, denn es galt eine Hochzeitseinladung zu überbringen, ein entfernter Vetter heiratete. Die Einladung war in einem Riesenumschlag dicken Büttenpapiers verpackt, darf man hier sagen, denn es handelte sich um mindestens fünf mit Goldbuchstaben bedruckte Karten, die zu einigen der rund um die Trauung geplanten Festlichkeiten baten – Sudhir und Kitty standen diesem Vetter nicht so nahe, daß ihre Präsenz während der ganzen zehn Tage Pflicht gewesen wäre.

Kittys Tochter trat ein. Sie fühlte die Pflicht, mich zu unterrichten, und sagte, indem sie auf das schwere Kothari-Paar zeigte: »Sie sind sehr reich.« Sprach Kothari genug englisch, um sie zu verstehen? Er lächelte mich gewinnend an und zog den Ring vom Zeigefinger. Ich durfte ihn betrachten. Seit wann vergleicht man die Größe von Edelsteinen mit Vogeleiern? Nein, taubeneigroß war er nicht, der rosa Diamant dieses Ringes, aber vielleicht amseleigroß?

»Wir lieben Juwelen«, sagte Geetanjali, wieder mit ihrer bekenntnishaften Nüchternheit. »Andere Leute halten sich zurück – wir nicht. Aber wir haben keine solchen Steine wie Herr Kothari.«

In der Halle wartete inzwischen Sunil, der seine mädchenhafte Frau und das neugeborene Kind vorführen wollte. Der Säugling hatte schwarz geschminkte Augen, die Mutter hätte seine älteste Schwester sein können. Sunil durfte auch von den Besuchern, nun, kein Tauf-, aber eine Art Initiationsgeschenk erwarten, er nahm die Scheine der Kotharis mit seiner sorgen- und schmerzerfüllten Ergebenheit entgegen, die sich ein schmelzendes Lächeln schließlich doch abrang.

Zu den Besuchen, die Sudhir und Kitty machten, ohne sich in der Hoffnung zu wiegen, sie ohne weiteres erwidert zu sehen, gehörte der Besuch beim *Collector* von Bikaner. Das Amt des *Collector* dürfte in Europa wenige Entsprechungen haben. Es handelte sich um eine Art Bürgermeister, oder genauer um einen für die Stadt von der Landesregierung eingesetzten Präfekten. Eine Selbstverwaltung der Gemeinde war unbekannt und wäre, so meinte jedenfalls Sudhir, auch völlig undurchführbar. Der *Collector* habe es im örtlichen Sumpf schon schwer genug – wäre er dazu noch Exponent einer der Machtgruppen von Bikaner, könnte er gleich überhaupt nichts mehr ausrichten, sondern hinge fest an Marionettenfäden. Der neue *Collector* war sehr jung, keine fünfunddreißig Jahre. Er bewegte sich behutsam auf dem glatten Boden von Bikaner – nicht die Glätte des Parketts ist gemeint, sondern die Schmierseifenglätte der Korruption. Seine Residenz war einst die des britischen *Collector* gewesen, ein stattlicher anglo-indischer Bungalow mit Riesensalons und kirchenhohen Plafonds, von denen die Deckenventilatoren ähnlich tief herabhingen wie die Radleuchter in romanischen Domen.

Rund um das Rasenrondell der Auffahrt standen die Dabei-Steher, die Diener, Chauffeure, Sicherheitsbeamten, die kleinen Bittsteller, die kleinen Parteimitglieder, die nicht wußten, wann sie vorgelassen würden, die sich hier aber jedenfalls schon einmal im Dunstkreis der Macht befanden und ihre Zeit deshalb nicht besser verbringen konnten, als bis in die tiefe Nacht hinein zu warten und am nächsten Tag wiederzukommen. Der Schweiß und das Weiß der Hemden ließ ihre Gesichter noch dunkler schimmern. Wir strebten an ihnen vorbei, die Stufen zum Portal hinauf, durch die von Gipssäulen flankierte Glastür hindurch – ein Polizist in Khaki salutierte – und traten in das Empfangszimmer, in dem schon einige Leute warteten.

Gerade im Warten wurde ein protokollarischer Unterschied gemacht. Wußten die Leute draußen auf dem Rasen, daß sie, weilten sie erst im Haus, wiederum warten müßten? Prunksessel in einem Mogul-Club-Barock-Stil waren die Wände entlang aufgestellt. Der Raum war kahl, der neue *Collector* und seine Frau hatten auf die Dekoration noch keine Zeit verwandt. Wir sprachen gedämpft, ich fühlte, daß es in diesem Vorzimmer zur Macht unpassend gewesen wäre, die Stimme zu erheben. Adjutanten durchmaßen die weiten Diagonalen des Saales mit geschäftigem Schritt und ohne uns einen Blick zu schenken. Weitere Sari-Damen, weitere Herren, die trotz der Hitze, was sonst nicht üblich war, Strümpfe trugen, wurden hereingeführt. Schließlich saßen sich auf allen Sesseln die Menschen wie in einem überdimensionierten Eisenbahnabteil gegenüber.

Die Flügeltüre öffnete sich. Der *Collector*, klein und jung, wie er war, trat ein mit einer düsteren, weniger feierlichen als erzürnten Miene. Ihm folgte, im die Füße bedeckenden Sari schwebend, seine Frau mit einem wie um Vergebung bittenden Lächeln.

Die »Namaste«-Begrüßung wurde in seiner hohen Gegenwart würdig und deutlich exekutiert. Der *Collector* nickte geistesabwesend und verdrossen; so ähnlich müssen gewisse Empfänge bei Napoleon abgelaufen sein. Kitty ergriff voll damenhafter Souveränität die Initiative eines Gesprächs mit der Frau des *Collector*, in einem aus Hindi und Englisch gemischten Idiom – »There are *so* many things to do, *so* many people, *so* many gifts, *so* many friends ...« –, die kleine Person nickte dankbar und höflich, während ihr Mann vor sich hin brütete. Das Mißtrauen in die *bonnes gens* von Bikaner hatte ihn vollständig überwältigt, so empfand ich es, er witterte überall – gewiß zu Recht – den Versuch, ihn zu umgarnen und einzuwickeln, und hatte womöglich schon böse Erfahrungen gemacht. Seine Finsterkeit war wohl gar das Eingeständnis, in einem so frühen Stadium seiner Amtszeit bereits allzuviel nachgegeben zu haben. Aber die hoheitsvolle Ausstrahlung, das Gewitterleuchten der Macht, das bekam er noch hin, was sonst auch vorgefallen sein mochte. Als er sich erhob, verstummte das lahm verhaltene Geplauder, und alles stieg aus den Tiefen der Sesselgrüfte in die Höhe. »Sie müssen uns besuchen«, sagte Kitty und küßte mutig die Wange der *Collector*-Gemahlin. Der *Collector* begleitete diesen Abschied mit einem schweren Blick.

Das Färben

Schon in Delhi waren mir Männer mit hennarot gefärbtem Haar aufgefallen. Das Hennarot, für unsere Begriffe ein Karottenrot, paßte besonders schlecht zur braunen Haut; beide Farben waren zu warm, in der Zusammenstellung unangenehm appetitanregend wie ein Paprika-Hähnchen. In Delhi waren es einfache Männer, die sich diese Tönung verpaßten, ich glaubte zunächst geradezu eine Berufskennzeichnung darin sehen zu sollen für unattraktive, aber notwendige Berufe, wie für Hundefänger, Abdecker oder Henker. In Bikaner sah ich, wie falsch ich da gelegen hatte. Was in Delhi hin und wieder – dann aber aus der schwarzen Menge wie ein Streichholz hervorleuchtend – zu entdecken war, hatte sich in diesem Landstädtchen die ganze Bourgeoisie zu eigen gemacht. Man verzichtete hier aber darauf, den Schopf richtig rot durchzufärben – es ist mir ohnehin unbegreiflich, wie auf dem dicken Schwarz dieses Haars eine Farbe haften blieb –, sondern gab sich einen rötlichen Schimmer, der das Haar im ganzen kastanienbraun wirken ließ und nur einzelne Strähnen über der Stirn, die viel Licht bekamen, eindeutig rot machte. Wer sehr hellhäutig war, dämpfte durch Henna den Eindruck, zu einem asiatischen Volk zu gehören. Ohne das Roßhaar-Schwarz mochte manche Frau ohne weiteres für eine Italienerin durchgehen. Ich sagte zu Kitty etwas in dieser Art, und ich fürchte, daß ich schwer ein größeres Kompliment hätte finden können. Im übrigen war sie so hellhäutig, daß kein beißender Kontrast

zum Henna entstand, bei ihr wirkte das rötliche Haar ganz
natürlich.

Obwohl sich vor dem Haus eine Reihe offener Friseurbuden
entlangzog, rief Sudhir keinen dieser Friseure zu Hilfe, wenn
er sein Henna auffrischte. Keine dieser Buden hatte Wasser,
die Haare wurden einem dort ohnehin nicht gewaschen. Das
Färben nahm Zeit in Anspruch. In der gewohnten langsamen
Würde verließ Sudhir sein Badezimmer mit der dunkel-leh-
migen Henna-Packung auf den Haaren, die seinen Hinter-
kopf aussehen ließ wie den unvollendeten Teil einer Ton-
büste. Sein Haar war weich und wellig, auch hier nahm man
den rötlichen Ton leichter hin, obwohl seine Haut dunkler
als die seiner Frau war; der italienische Effekt, sollte er angestrebt sein, konnte sich bei ihm schon nicht mehr einstellen.

Ich hatte die Friseurbuden inzwischen für mich entdeckt und
ließ mich dort rasieren. Diese Buden waren Bretterverschlä-
ge, deren Straßenseite offen lag. Zwei Stufen mußte man dem
Friseurthron aber entgegensteigen, sonst hätte der Laden bei
den seltenen, aber um so heftigeren Regengüssen schnell unter Wasser gestanden. Ich hatte die Bude, die ich dann täglich aufsuchte, zum ersten Mal betreten, nachdem ich länger
vor ihr stehen geblieben war, als ein neues Ladenschild für
das Geschäft gemalt wurde. Der Schildermaler stand nicht
auf einer Leiter, sondern auf hohen Bambusstelzen, den Farb-
eimer hatte er sich ans Bein geschnallt. Er bewegte sich auf
den Stelzen wie auf eigenen Füßen, er hätte vielleicht sogar
damit tanzen können. Seine Malerei führte er höchst gewis-
senhaft aus, die Hindi-Buchstaben, die an einem verbinden-
den Strich wie an einer Wäscheleine aufgehängt werden,
schrieb er akkurat wie gedruckt und umgab sie mit einem

bläulichen Schatten, um sie plastisch werden zu lassen. Während er das Detail liebevoll ausarbeitete, waren die Stelzen unten die ganze Zeit in tastender Bewegung, um ihn in Balance zu halten.

Meine Anteilnahme an der Kunst dieses Mannes hatte mich aber an keinen schlechten Friseur geraten lassen. Der Friseur arbeitete in diesem hellblau ausgemalten Verschlag nicht allein, sondern mit vier, vielleicht auch fünf Gehilfen, obwohl es nur zwei Sessel gab. Als ich zwischen den Stelzen des Schildermalers in den Laden hineinsah, waren die Friseure gerade beim Essen. An beiden Längsseiten des Inneren hingen Spiegel aus grünlich schimmerndem dickem Glas – gab es in Europa überhaupt noch solch dickes Spiegelglas? Es verlieh dem Spiegelbild die Substanz einer gefüllten Flasche. Die sich gegenseitig spiegelnden Spiegel erzeugten die bekannte Illusion eines vielfach gestaffelten, immer grüner werdenden, sich allmählich senkenden Raumes. Die Friseure hockten im Schneidersitz auf der Wartebank der Kunden und waren über ihre Töpfchen gebeugt, die sie mit weichem Fladenbrot auswischten. Ihr Speisesaal war ein illusionärer Palast.

Von Sudhir hörte ich, daß die Friseure der Nai-Kaste angehörten. Alle Friseure dieser Region in weitem Umkreis waren Nai. Die Friseure in meiner Bude waren sämtlich Blutsverwandte. Ein kleiner zusammengeschnurrter Greis, der seine Ecke nie verließ und die Geschäfte nur noch überwachte, war der Großvater. Sein Sohn war rundlich und stattlich, mit polierter Glatze und hennarot gefärbtem Haarkranz; die Haarwurzeln verrieten, daß er ungefärbt weißhaarig gewesen wäre. Seine dicke Brille schimmerte grünlich wie die Spiegel. Sein hagerer Sohn war so dünn und lang, daß man sich vorstellen konnte, ihn in der Leibesmitte durchbrechen zu sehen. Sein Blick schweifte ruhelos über die sandige Fläche mit den Kamelen und den Kühen und den zwischen diesen stillen friedlichen Tieren slalomfahrenden Motorrädern, als suche er nahende Kunden schon vor deren sichtbarem Auftauchen zu erahnen. Der Enkel hatte die Schönheit eines Khmer-Buddhas mit den aufgeworfenen, selbst in Meditation stets kußbereiten Lippen; er tat Dienst, wenn die anderen aßen. Zu jedem dieser Männer gehörte noch eine Frau und mit Gewißheit weitere Nachkommenschaft, die alle aus dieser Bude ernährt wurden.

Nach europäischem Maßstab mochten die Friseure arm sein, aber ihre Erscheinung machte nicht den Eindruck schwarzer Misere, der hennarote, wohlbeleibte Friseur wäre sogar für einen Bourgeois durchgegangen. Bevor er mich zum Sitzen einlud, drehte er, wie alle Friseure auf der ganzen Welt, das Sitzkissen herum, obwohl eben niemand darauf gesessen hatte – hätte man vielleicht auch bei deutschen und türkischen Friseuren einen gewissen Anteil am Nai-Blut nachweisen können? Nach der Rasur überließ er mich dem jungen Buddha zur Kopfhautmassage. Im Spiegel sah ich seine schmalen schwarzen Händchen auf meiner großen rosa Glatze herumtanzen, als versuche er vergeblich ein übergroßes Ei zu fassen zu bekommen. Es war, als fielen dicke Regentropfen auf meinen Kopf. Die kleinen Kinder, die vor der Bude im Sand spielten, sämtlich Urenkel, wie sich herausstellte, und zukünftige Friseure, begriffen die Komik dieses Anblicks, ihr Lachen hatte etwas von Vogelzwitschern.

Der Schuhputzer, der nun von draußen hereinsah, war eher

noch jünger als der kleine Buddha. Meine von Sikander geputzten Schuhe waren von dem kurzen Weg zu den Friseuren schon hell bestäubt, jede Lederpore schien sich mit Staub füllen zu wollen. Der Schuhputzer studierte die Farbe des ihm weniger herausgereichten als von dem ungeduldigen Meister vor die Füße geworfenen Schuhs. Das war ein ganz bestimmtes Braun, kein ockriges, kein schwärzliches, kein rötliches, ein braunes Braun. Er setzte sich auf die Stufen der Friseurbude und öffnete seinen Holzkasten. In einem Tellerchen goß er Farben aus sechs verschiedenen Flaschen zusammen, sehr schnell und ohne experimentieren zu müssen. Jetzt hatte er genau das Braun meines Schuhs zusammengemischt, die maßgerechte, einzig passende Schuhcreme. In seinem Alter war ein deutsches Kind noch zu überhaupt nichts nütze, schon gar nicht eins aus sogenanntem gebildeten Milieu. Das Farbenmischen beherrschten bei uns ja noch nicht einmal die Anstreicher. War auch dies ein nicht eigentlich erworbenes, sondern ererbtes Wissen? Schließlich gab es eine Schuhputzer-Kaste, in der sich die ganze Vielfalt menschlicher Möglichkeiten in das Wissen hineingegossen hatte, wie man einen schmutzigen Schuh wieder neu und schöner als neu erstrahlen läßt. War nicht eigentlich jedes Ding wert, daß man es ein Leben lang betrachtete, tat sich die eigentliche Vielfalt nicht erst auf, wenn man den Blick zunächst einfältig verengte?

Später erlebte ich noch eine Steigerung der Färbekunst. Der Agent von Herrn Bajaj, derselbe, der mir die Einladung des Schriftstellers überbracht hatte, war als Diener mehrerer Herren gelegentlich auch für Kittys Haushalt tätig. Er war gerade anwesend, hennarot gefärbt auch er, und lungerte zwi schen Einfahrt und Dienerquartier herum, als ich einen Anzug zum Reinigen geben wollte. Das war ein einfacher Baumwollanzug, aber mit einer schwer zu bestimmenden Farbe, hell, ohne beige zu sein, dafür kannte man früher den Ausdruck »kittfarben«. Sunil war in Kommissionen mit dem Motorrad davongefahren, und so wies Sudhir den Bajaj-Agenten an, sich um diesen Anzug zu kümmern.

Nach ein paar Tagen fand ich den Anzug frisch gebügelt auf mein Bett gebreitet, aber ich erkannte ihn nicht wieder. Die Jacke, ja das war meine Jacke, aber die Hose war jetzt rein weiß, sie mußte gnadenlos in eine jede Farbe besiegende Bleiche getunkt worden sein. Nur das Etikett innen bewies, daß dies meine Hose war. Sudhir sprach am Telephon mit ernster Stimme strenge Drohungen gegen den Betreiber der Reinigung aus; ich erlebte den weltabgewandten duldsamen Mann zum ersten Mal in der Rolle des unerbittlichen Herrn und Hausvaters. Könnte man die Jacke in der Reinigung nicht einfach derselben Behandlung unterziehen wie die Hose? Dann hätte ich eben einen rein weißen Anzug. Aber davon wollte Sudhir nichts wissen. Auch der Agent des Herrn Bajaj bekam eine Kostprobe des höchsten Mißfallens zu schmekken und schlich bedrückt zur Seite.

Auf dem Rücksitz von Sunils Motorrad, der ruinierte Anzug hing in einer Tüte am Lenker, gelangte ich zu den Färbern in der inneren Stadt. Aufs neue wurde mir deutlich, daß die wichtigste Voraussetzung zur Entstehung einer Stadt die Stadtmauer ist. Wo es eine Stadtmauer gibt, kann schon beinahe nicht mehr falsch gebaut werden. In Enge und Überdruck verfilzt sich das architektonische Gewächs und wird zu jenem dichten Organismus, der eine Stadt von einer blo-

ßen Häuseransammlung unterscheidet. Zu eng und zu voll
hat eine Stadt zu sein. Um so zauberischer wirkt ein stiller
kleiner Hof, ein über dem Gewühl den Blick in den Himmel
eröffnendes Dachfenster. In den verschachtelten Häusern
des alten Bikaner wurde die Stille geradezu säckeweise in den
alten Kaufmannslagern vorrätig gehalten.

Der Hof der Färber tat sich überraschend auf, wenn man in
einer der Hauptbasargassen, in der sich den ganzen Tag die
Menge drängte, einen leicht zu übersehenden Durchgang
fand. Rings um den Hof zogen sich kleine Schneiderwerk-
stätten, in denen alte, aber auch ganz neu fabrizierte Sin-
ger-Nähmaschinen summten, im Land des periodischen
Stromausfalls wurden Maschinen mit Fußpedal klugerweise
weiterhin hergestellt. Bügler bügelten mit riesenhaften gußeisernen Bügeleisen, die, wie früher auch bei uns, mit einem
rotglühend gemachten Eisenkolben in ihrem geräumigen Innern erhitzt wurden. Über den Hof zogen sich Wäscheleinen;
hier trockneten Tücher in leuchtenden Farben. Die Färber
saßen auf niedrigen Schemeln, vor sich einen großen Topf
auf einem Holzfeuerchen, neben sich die Flaschen mit den
Farben. Der Färber, zu dem Sunil mich führte, war ein athleti-
scher, finsterer junger Mann, der soeben zusammengeknotete
Stoffbahnen aus seinem brodelnden Suppentopf zog – er löste
die Knoten, und zwischen den purpurnen Partien leuchtete
der Schleier weiß. So männlich und so souverän in der Erzeu-
gung bunt saftiger Farbeffekte wollte ich mir den Vater des
Tintoretto in Venedig vorstellen. Was würde dieser Mann,
der über Safran, Lapislazuli und Granatrot gebot, mit meiner »kittfarbenen« Jacke anfangen? Ganz bewußt setze ich
dies die Unfarbigkeit geradezu satirisch hervorhebende Wort

noch einmal hierher, in den Hof triefnasser Farbfeuerwerke. Mißmutig nahm Tintorettos Vater, der kraftvolle Tintore, meine Kleider entgegen. Die von Sunil dazu abgegebenen Erklärungen schien er als beleidigend zu empfinden. Er grüßte nicht, als wir uns entfernten. Aber drei Tage später war die Hose wieder da, als wäre sie niemals durch die Bleichlauge gezogen worden. Jacke und Hose waren im Farbton bis auf die letzte Nuance identisch. Wie haltbar diese Arbeit ist, danach frage ich nicht. Die Ehrfurcht für die Leistung dieses Mannes gebietet mir, die Hose nie wieder reinigen zu lassen.

Das Haus Kothari

Bikaner ist eine Stadt der Juweliere. Die Juwelierlädchen reihen sich ganze Straßen entlang, meist zu ebener Erde, nach draußen hin offen, mit einer Theke, die so niedrig ist, daß Kunde und Verkäufer auf dem Boden sitzen müssen. Auf dieser Theke stehen eine Waage und ein schöner Kasten mit feinsten Gewichten. Der Schmuck wird hier nach Gewicht verkauft, die Arbeit zählt nicht viel. Aus dem weiten Umkreis kommen die Dörfler angereist, um den Hochzeitsschmuck für ihre Töchter zu kaufen, Gold ist ein wichtiger Teil der Mitgift. Aber von diesem Geschäft könnte eine solche Menge von Goldschmieden nicht leben. Längst haben die tüchtigsten unter ihnen Filialen in den Großstädten des Landes eröffnet, in denen sie ihre mit winzigem Arbeitslohn produzierte Ware viel besser losschlagen können. Aber auch berühmte Juweliere aus Bombay oder Kalkutta lassen in Bikaner arbeiten. Hier lebt noch etwas von der alten Karawanenstadt, die sich darauf verlegte, nicht bloß Umschlagplatz zu sein, sondern vom Durchstrom finanzkräftiger Händler, die von hier nach den Metropolen strebten, durch eigene Handwerkskunst zu profitieren.

Krishna Kothari, einer der Familienfreunde von Sudhir und Kitty, gehörte einem Clan von Juwelieren an, der sich im ganzen Land ausgebreitet hatte. Er war als Platzhalter des Stammhauses in Bikaner zurückgeblieben. Die Kothari waren eine Jain-Familie, ihr Name bedeutete so etwas wie »Haushälter« und bewahrte die Erinnerung daran, daß die

Vorfahren über Jahrhunderte hinweg für die Könige von Bikaner tätig gewesen waren, und auch jetzt noch bestanden beste Beziehungen zum königlichen Haus; wenn man dort Schmuck verkaufen wollte, machte man das über die Kothari.

Der Familienpalast gehörte von außen gesehen nicht zu den überreich dekorierten Havelis und war auch älter; es gab darin noch keine Zugeständnisse an den europäischen Stil. Er war unabsehbar groß und mußte das auch sein, denn hier lebten beinahe vierzig Menschen. Daß es für alle nur eine einzige, verblüffend kleine Küche gab, gehört zum Stolz der Kothari. In ihrem Haus hatte man miteinander zurechtzukommen. Extrapossen für eingeheiratete Damen, die sich vorstellten, einen eigenen Haushalt zu führen, waren nicht vorgesehen. Ein gutes Haus besaß eine einzige Feuerstelle, sonst hätte der offene Zerfall bereits begonnen.

Wie eine Stadt in der Stadt war dies Haus, voller kleiner Höfe, über denen die Sterne des Abendhimmels um so heller funkelten, als es *intra muros* beinahe keine Straßenbeleuchtung gab, voller enger Durchgänge, Sackgassen und unübersichtlicher Raumfolgen. Wer dieses Haus hätte stürmen wollen, hätte sich wie in den Kavernen eines großen Schwammes verloren. Die Treppenhäuser waren so eng, daß die gewichtigen Kothari sich schräg stellen mußten, um sie zu passieren; ich dachte beim Anblick des mir voransteigenden Juweliers an Thomas von Aquin, der einmal in einem Wendeltreppenhaus steckengeblieben sein soll. Die Schwellen der Türchen, die die Räume verbanden, waren hoch, so daß man mit eingezogenem Kopf und Storchenschritt von einem Zimmer ins andere ging. Die schönen Steinmetzarbeiten an

110

Türeinfassungen und Decken waren mit dicker Ölfarbe verkleistert. Trüber Lampenschein aus alten Laternen erhellte die Räume nicht genug, daß man gern länger darin gelesen hätte. Überall lagen dicke Matten, mit hellem Segeltuch überzogen. Wenn man sich darauf niederließ, erschienen die alten kästchenhaften Zimmer gar nicht mehr so niedrig.

Das Haus war auch bevölkert wie eine kleine stille Stadt: In einer Hofecke spielten Kinder, in einer anderen putzte eine am Boden kauernde Frau Gemüse und plauderte mit einer auf einem Bauernbett gelagerten Greisin, in einem Zimmerchen saßen ernste Männer beim Tee zusammen. In dem größeren Gemach, in dem seit jeher Geschäftsbesuche empfangen wurden, standen die einzigen Sessel des Hauses, edwardianische, zerbrochene und mit Drähten zusammengehaltene Ebenholzfauteuils, die schlampig mit türkisfarbenem Kunstleder bezogen waren. In den Vitrinen lagen angelaufene silberne Zigarettenetuis in großer Fülle – in einem Hause, in dem wahrscheinlich noch niemals eine Zigarette geraucht worden war – »meine Sammlung«, sagte Kothari. Er schien, vor allem was kunsthandwerkliche Gegenstände aus Europa anging, überhaupt keine Maßstäbe der Beurteilung zu kennen, die über das bloße Materialgewicht hinausgingen. Anschaffungen aller Art waren in diesem Haus wohl etwas so Ungewöhnliches, etwas die Lebensgewohnheiten derart Übersteigendes, daß man, was da zu Großvaterzeiten in die Familie gekommen war, als Reliquien aufbewahrte, zugleich aber verständnislos verkommen ließ, oder besser, dem Staub und dem Rost die Aufgabe übertrug, die Fremdkörper in das Ensemble des Hauses einsinken zu lassen.

Krishna Kothari empfing mich so freundlich, wie es seine

vielfachen Einladungen, ihn und seine Familie zum Essen zu besuchen, auch erwarten ließen. Er sprach seinen ausgebreiteten Geschäftsbeziehungen zum Trotz kein Englisch und mußte es nicht können – es gab genügend Brüder, die diese Lücke ausfüllten. Und seine Frau dachte erst recht nicht daran, einem Fremden gegenüber eine improvisierte Verständigung mit Händen und Füßen auch nur zu versuchen. Dennoch waren die Kothari die eindrucksvollsten Menschen, die ich in Bikaner kennengelernt habe.

Wenn nach der Überzeugung des Aristoteles die Seele nichts anderes als die Form des Körpers ist, dann mußten Herr und Frau Kothari erstaunliche Seelen besitzen. Ich konnte mich an ihrem Anblick nicht satt sehen. Vielleicht spürte der Mann das sogar, denn seine Freundlichkeit verließ ihn nicht. Aber was hatte ich erwartet? Ein Juwelier, ein Geschäftsmann, ein Bürger, ein Freund meiner Gastgeber – wie sollte er sich mir gegenüber schon betragen, wenn nicht in unverbindlicher Höflichkeit? Nun war Sanftheit und Höflichkeit aber gerade das Allerüberraschendste bei diesem Mann. Er führte, man erinnert sich, den anspruchsvollen Namen Krishna, ein Name, mit dem man, wie bei uns mit Alexander, eigentlich nur scheitern kann; wer vermag schon in solche Höhen zu reichen. Bei Kothari war das anders. Er hieß Krishna, aber er war Shiva, er war ein Gott, oder es schien jedenfalls möglich und wahrscheinlich, daß ein Gott unversehens in ihn eintrat und in ihm gegenwärtig wurde. Er war sehr groß, sein Bauch wölbte sich über dem heruntergerutschten Hosenbund. Sein Kopf lief spitz zu und steckte in einer Fettmanschette, es war um seinen Hals herum, als habe er die Mumps. Seine übergroßen, geschminkt erscheinenden Au-

gen waren antilopenhaft, nasse Edelsteinaugen. Sein Lächeln
stieg wie aus siedendem Wasser auf. Kopf und Körper wirkten
wie ein glühender Eisentopf. Das Gesicht leuchtete aus seinem schwärzlichen Fett heraus, ein göttliches Leuchten, das
wie ein Auftauchen, wie ein Aufgehen ferner Gestirne war,
aber der Zorn, die Vernichtung schien diesem Leuchten
ebenso angemessen wie die Sanftheit: Ein feuriges Rasen, in
dem alles Fleisch dahinwelkte, das göttliche Angesicht aber
mit schreckenerregendem Lächeln und einer selbst beim
äußersten Zorn den Menschen unvorstellbaren Gemütsruhe
verharrte. Ein Gesicht vollständiger Unbeeinflußbarkeit.
Nun war diese außergewöhnliche Menschenerscheinung ins
Kaufmannsmilieu geraten. Seine Umgebung mußte sich an
ihn gewöhnt haben, man spürte wohl kaum mehr die erd-
hafte Erschütterung, das Strahlen und Beben, das von seinem
mächtigen Körper unablässig ausging. Wenn er in Gedanken
versank, Fernes unergründlich abwog, atmete man unwillkürlich auf, wie wenn sich der Luftdruck verändert. Daß
Krishna Kothari kein munter schwatzender, diskret auf den
Kunden eingehender, verbindlich verführerischer Verkäufer
war, verstand sich nach diesen Eigenschaften von selbst. Er
erfaßte den Kunden, so kam es mir unter seinen Augen vor,
mit einem einzigen schweren Blick und erkannte ihn bis hinein in seine Urväter.
Ich bin davon überzeugt, daß er an meiner Miene das ewige
Zögern, die Unentschlossenheit meiner Mutter, mit der sie
viele Verkäufer verrückt gemacht hatte, und die generelle
Unlust meines Vaters, teure Sachen zu kaufen, daß er also die
Erbschaft dieser beiden Toten augenblicklich erkannte und
jeden Gedanken, mir von dem, was er bereitwillig und lang-

113

sam auswickelte und vorführte, etwas zu verkaufen, von vornherein ausschloß. Sollte sich in seiner Gegenwart ein Geschäft ergeben, dann wie von selbst, wie das Atmen. Ein Eingreifen wäre nur hinderlich gewesen.

Nach allerlei bunten, in Europa zudem untragbaren Schmucksachen zeigte er schließlich im schwachen Laternenlicht persische Miniaturen aus der Sammlung des Königs. Das waren seine Vorbilder. Er machte sich das Vergnügen, diese winzigen Bilder zu kopieren, und zeigte mir seine feinen Pinsel; es war, als benutze er, um die Wimpern der schönen Sklavinnen zu malen, deren Brüste sich unter hauchzarten Gespinsten abzeichneten, eine der eigenen langen Augenwimpern.

Unterdessen hatte seine Frau mein Essen vorbereitet – meines allein, versteht sich, denn weder sie noch ihr Mann wollten an dieser Mahlzeit teilnehmen: Er würde mir beim Essen zuschauen, und sie pendelte mit immer neuen Speisen zwischen Küche und Eßzimmer. Bei den Kothari gab es kein feierliches Reglement mit aufwartendem Personal, den Dienst bei Tisch übernahmen hier Frau und Töchter und ohnehin reichlich anwesende weibliche Verwandtschaft. Ganz passend zu diesem Haus herrschte ein altertümlicher patriarchalischer Stil darin, keine Äußerlichkeiten hinderten den Blick auf das ruhevolle und gleichmäßige Stampfen der Familien-Maschinerie. Frau Kothari war die bestmögliche, die einzig denkbare Ergänzung ihres Mannes. Die beiden stellten nicht nur nach eigener Überzeugung eine glänzende Rechtfertigung des Systems arrangierter Heiraten dar. Sie war eine nur aus großen Rundungen zusammengesetzte archaische Venus, ihre Augen waren rund, ihr Mund stand stets gerundet halboffen, der Kopf war eine Kugel, und unter den Fluten der

Sarifalten rollten weitere Kugeln schwerfällig hin und her, vor allem die große Bauchkugel, die jeden Schritt zur Arbeit machte und ihr ein zartes, rührendes Seufzen abverlangte. Wenn Kothari raste, so stellte ich mir das vor, in Liebe oder Zorn, dann war sie unter ihm ein wogendes Kornfeld, in sanften Wellen des Mitgefühls bei grundsätzlicher Unerschütterlichkeit.

Was sie aus der Küche brachte, war schwer und köstlich: Linsen, Gurkengemüse und Kohl, alles mit viel Butterfett und Knoblauch gemacht – Kitty verabscheute Knoblauch, sie hätte nie bei den Kothari gegessen, hatte für diese Zurückhaltung aber wohl noch grundsätzliche, rituelle Gründe –, aber auch ich enttäuschte das gastfreie Götterpaar, denn beim Allein-Essen kam nicht der freudige Appetit auf, der nötig gewesen wäre, um der Platten Herr zu werden. »Er hat nichts gegessen«, ließ man Kitty ausrichten.

Und dennoch blickten die vorgewölbten gelben Augen nicht gefährlich, selbst als mir Krishna in seinem engen Schlafzimmer mit dem unordentlichen Alkoven die geladene Waffe zeigte, die unter seinem Kopfkissen lag. Er senkte den Kopf und kroch mit seinem großen Körper in ein verkramtes Schrankzimmer voll herumfliegender Kleider; er kehrte zurück und hatte ein großes Etui in den Händen; ein Daumendruck ließ den Deckel aufspringen. Darin lag ein großes Brillantcollier mit acht – hier versagen die üblichen Vogeleiervergleiche – etwa streichholzschachtelgroßen Smaragden. Schön waren sie nicht gefaßt, wie man aber diese Riesensteine, außer in einer Krone, besser hätte fassen sollen, konnte ich mir auch nicht vorstellen. Sie waren zu groß, um noch kostbar auszusehen. Das Collier hatte dem Maharaja von Baroda gehört, es war nun dazu bestimmt, seine Reise in ein anonymeres Milieu anzutreten.

Kitty hatte mir gesagt, daß Kothari und seine Frau zu den besonderen Verehrern der Ratten von Deshnok gehörten. Ich konnte dem Bild nicht wehren, das vor mir aufstieg: eine strahlend schöne Frau in weit ausgeschnittener Robe, um ihren Hals dies Smaragdcollier ausgebreitet und zwischen ihren Brüsten, unter ihren rasierten Achseln, aus den Falten des weiten Rocks, bewegliche Nagetiernasen, schwarzes Rattenfell, ein Wimmeln, ein aus den Taftfalten vielkörperliches Hervorbrechen.

Bairov,
der Herr der wilden Hunde

Das Volk der Hunde war allgegenwärtig in Bikaner. Wo ich hinsah, schlief ein Hund, paarten sich Hund und Hündin, säugte eine Hundemutter Welpen im Staub, bissen sich Hunde, starben Hunde in vorbildlicher Hundsgeduld. Diese wilden Hunde traten mit den Menschen in keinerlei Verbindung, man lebte nebeneinander her, man tat, als sehe man sich nicht. Die Hunde bettelten nicht, erbaten keine Aufmerksamkeit, knurrten und drohten nicht. Sie wichen aus, wenn ein menschlicher Schritt sich nahte. Ich war geneigt, ihren Blick als traurig zu empfinden, wobei Hundeaugen überall eine gewisse Neigung zu Gefühlserpressungen haben, aber in Bikaner gab es keinen Anlaß zu solchem Liebeswerben, die Welten waren, wie die Hunde wußten, streng geschieden. Das Nebeneinanderherleben verschiedener Völker gehörte zur indischen Nationaleigentümlichkeit, auch die Hunde profitierten davon, in Bikaner jedenfalls. Niemand dachte hier daran, wie anderswo die Straßenhunde zu töten oder wenigstens ihre Zahl zu begrenzen. Die Straßenhunde wurden nicht nur einfach geduldet, sie wurden respektiert. Waren etwa auch sie Götter?

Diese Frage stellte ich Sudhir eher im Scherz, aber ich hatte schon das Richtige getroffen: Sie waren keine Götter, aber sie waren das Reittier eines Gottes, der sich besonderer Verehrung in Bikaner und den umliegenden Wüstenweilern erfreute, des Gottes Bairov oder Bairava, der aus Shiva hervorgegangen war, »Shivas Stirn«, ein Schreckenverbreiter, aber auch Glücksbringer, der dunkelhäutig war und viele Gestalten annehmen konnte, nicht eigentlich ein Dämon, aber eine dämonisch wirkende Kraft Shivas. Als Europäer hat man die Vorstellung, bei Straßenhunden handele es sich um bunte Promenadenmischungen, groteske Verbindungen der verschiedensten Rasseeigenschaften, Geschecktes und Vermanschtes, aber in Bikaner hatte sich, vielleicht in Jahrhunderten, längst eine völlig einheitliche, sofort erkennbare, gleichförmige Rasse von Straßenhunden herausgebildet – sandfarben, hochbeinig, mit geschwungenem Schweif, schmalem wüstenfuchsartigem Kopf und sehr spitzer Nase, die meist verklebten oder sonstwie ungesunden Augen eher klein, die Größe der Hunde glich der eines jungen Labradors. Tags waren sie lethargisch, nachts heulten sie den Mond an, nutzlose Bohemiens, halb-sakrale Tagediebe weit außerhalb der Tempelbezirke.

Eine Fahrt über Land brachte Sudhir und mich diesen Tempelbezirken dann näher. Sudhir bekannte freimütig, daß er nicht nur gute Erinnerungen an diesen Ort habe, so bedeutend er sei. Im Bannkreis der heiligen Stätte lag ein königliches Jagdhaus, in das er als junger Mann öfter zum Jagen eingeladen worden sei. »Ich habe getötet«, sagte er ohne Stolz, es klang eher nach einer Erklärung, warum er nach Abwendung vom Berufsleben seiner Existenz doch noch eine eher den Namen des Brahmanischen verdienende Wende zu geben versucht hatte.

Bairov wurde an einem See verehrt, einem dieser immer neu überraschenden Wüstenseen, denen ganz von selbst in ihrer offensichtlichen Wunderbarkeit der Rang eines heiligen Ortes zufiel. Sudhir bereitete mich vor. Das Kultbild des Bairov hier sei eines der ganz wenigen Idole unter freiem Himmel. Man habe wiederholt versucht, dieses Idol mit einem Schrein zu umgeben oder wenigstens einen Baldachin darüber zu errichten, aber immer seien die Gebäude eingestürzt. Dieser Bairov hier dulde kein Dach über sich. Er sei überhaupt kein Menschenwerk, sondern ein unbehauener Stein.

Schon auf dem Feld vor dem auf einem Treppenpodest am See aufgestellten Götterbild wimmelte es von Hunden. Hier waren sie wirklich zu Hause, hier wurden sie auch gefüttert, ohne dabei ihre Gassenhunde-Sehnigkeit zu verlieren. Ob ihnen das Leben so nah bei ihrem Herrn guttat, wagte ich zu bezweifeln. Hier sah man viel mehr kranke Hunde als in der Stadt – oder machten die Kranken gerade eine Wallfahrt?

Die Abendstimmung am See war herzumgarnend. Rosa breitete sich aus. Die Tempelglocken wurden von frommen Pilgern, die schon am Fuß der Treppe zwischen den leidend sich dahinschleppenden Hunden mit der Stirn den Boden berührten, angeschlagen. An Verkaufsständen konnte man Opfergaben für Bairov erwerben. Er nahm vieles an, was sonst als Opfer überhaupt nicht in Frage gekommen wäre, Schnaps zum Beispiel. Bairov trank Bombay-Gin aus hellblauen Flaschen. Er gehörte zu jenen Gottheiten im gewaltigen Göttersystem Indiens, die eine Ausnahme von der Regel verkörperten, weil ohne Ausnahmen das vollkommenste System unvollkommen geblieben wäre.

Wenige Bilder Gottes haben mich so tief beunruhigt und bewegt wie das des Bairov an dem himmlisch-abendlichen See im Sandland; die Christus-Ikone aus dem St. Katharinen-Kloster auf dem Sinai etwa oder der Zeus von Otricoli, die allerdings ganz andere Aspekte des Göttlichen vergegenwärtigen. Bairov, thronte dort oben wie ein Feldherr, der auf den ringsum ausgebreiteten Schlachtfeldern soeben ein Volk vernichtet hat. Er war tatsächlich ein übermenschengroßer Felsbrocken, in aller Unebenheit pyramidenförmig. Vom Stein war nur wenig zu sehen, denn er war bemalt und mit Gold- und Silberfolien beklebt. Zwei riesige Augen, in ewiger Schlaflosigkeit weit aufgerissen, schematisch ausgeführt wie auf einem Papierdrachen, und darunter ein kreisrundes offenes Maul, dessen Lippen rot gemalt waren. Es öffnete sich hier im Stein ein tiefer Schlund wie eine Luftblase in Lavamasse. Was man von dem Stein sah, war tatsächlich schwarz, aber woher sollte hier Vulkangestein kommen? Oder hatte der Gott eine weite Reise, gezogen von einem Dutzend Ochsen, hinter sich? Bairov besaß eine überwältigende Körperlichkeit, wie sie die größten Bildhauer nur selten in ihrem Leben zu verwirklichen vermögen. Er hatte etwas von einer mächtigen Kröte, die aus dem See gekrochen war und nun unbeweglich darauf wartete, daß ein großes Insekt in die Nähe ihres Mauls kam. Ich meinte unter dem starren offenen Maul geradezu eine Kehle pumpen zu sehen.

Eine Gruppe von Pilgern machte sich nun um den Gott herum zu schaffen. Sie hatten ihm zu essen mitgebracht, große Schüsseln mit braunem Linsenbrei und einer süßen Nußpaste, beides war mit viel Butterfett angerichtet. Braune schlanke Hände fuhren in den Brei und formten Klöße daraus, die dem Gott ins Maul gesteckt wurden. Viele verschwanden darin, ohne daß er satt gewesen wäre. Eine hellblaue Gin-Flasche wurde ihm zur Hälfte in den Schlund gegossen, die andere Hälfte profitierte davon, zur Opfergabe geworden zu sein, und wurde von den Pilgern sofort ausgetrunken. Die vielen fettigen Hände stopften und nudelten Bairov wie eine Straßburger Gans. Sie ruhten nicht, bis der braune Brei das Loch vollständig ausgefüllt hatte. Messing-Butterlampen mit im weichen Abendlicht scharf aufleuchtenden hohen orangefarbenen Flammen wurden kreisförmig vor dem Gott geschwenkt, der nun aussah, als werde er sich gleich erbrechen.

Sudhir folgte diesen Vorgängen mit gesammeltem Ernst. Ich wußte nicht, ob es meine Gegenwart war, die ihn abhielt, sich der opfernden Schar tätig anzuschließen, oder ob der gemeinschaftliche, jetzt auch von einem keineswegs friedvollen, die Unruhe um den Gott noch verstärkenden Gesang begleitete Erregungszustand der Gruppe es verbot, sich einfach dazuzugesellen. Sicher waren viele der Worte, die Bairov da zugerufen wurden, Gebete und dringende Bitten, ein geradezu verzweifelt erscheinender Vortrag der Nöte dieser Menschen, aber ich übersetzte mir das melodisch harte Schreien anders: »Wir erkennen dich an, wir wissen, daß du lebst, wir haben dich genährt, wie wir unsere Kinder nicht nähren würden, weil du wirklich da bist!«

Sudhir vermied jede Stellungnahme, er sprach in abweisender Nüchternheit. Bairov würden auch blutige Opfer gebracht. Bis vor kurzem habe man hier oben vor dem Gott auch Tiere getötet und ihn mit ihrem Blut gelabt, so wie heute mit dem butterfetten Brei. Aber die Regierung habe das verboten, und deshalb bringe man die blutigen Opfer nun in der Nähe dar, noch in Sichtweite des Heiligtumes, aber vor den Augen der Polizei hinter Sandhügeln verborgen. Aus seiner Haltung während dieser Erklärungen ging hervor, daß er es für sinnlos hielt, in den Belangen der Religion irgend etwas von außen regeln oder verbieten zu wollen. Wenn es Bairov nun einmal gab – und nichts wäre in der Gegenwart dieses Idols weniger abzustreiten gewesen –, dann mußte man ihm auch geben, was er verlangte. Es habe allerdings einen Grund, warum die Regierung hier meine eingreifen zu müssen, fuhr er in demselben Ton fort: Die Tieropfer – Hühner und Ziegen vorzugsweise – stünden für das eigentlich geforderte Menschenopfer.

Das Menschenopfer, ja, das genau war es, was diesem Idol seine Kraft gab. Mit dem Verschlingen von braunem Brei und dem Gin betäubte sich Bairov, aber die Verdauungsohnmacht war nur eine Tarnung seiner grundsätzlichen Unersättlichkeit.

»Werden Bairov denn wirklich immer noch Menschenopfer dargebracht?« Ich stellte meine Frage in einer Beklommenheit, als könne das Idol mich trotz fehlender Ohren hören.

»Hin und wieder«, antwortete Sudhir, »selten.« Er dachte nach. Mir war, als suche er sich an ein bestimmtes, ihm bekannt gewordenes Opfer zu erinnern. Er erinnerte sich tatsächlich. Doch, es komme vor. »Säuglinge.« Das klang, als wolle er mich beruhigen. Das Rosa war verschwunden, die Wüste grau geworden, eine Mondlandschaft. Ich hatte hier, wenige Kilometer von Bikaner, die Erde, wie ich sie zu kennen meinte, weit unter mir gelassen.

Meine nächste Begegnung mit Bairov war etwas weniger beunruhigend. Er wurde an nicht wenigen Orten in der Wüste verehrt, auch an weniger spektakulären als *Godamdesar*. Aber es war immer ein unbehauener Stein, der sein Idol wurde. Heilige Bilder, die nicht von Menschenhand stammen, kennt ja auch das Christentum. Vielleicht waren diese Bairov-Steine Meteore, buchstäblich vom Himmel gefallen in ihrer sprechenden Gestalt? Der Bairov, den wir in einem von hohen Sanddünen umgebenen Dorf besuchten, duldete jedenfalls die Behausung, die man für ihn errichtet hatte, und zeigte sich allein dadurch bereits weniger ungebärdig. Der Tempel sei »alt, sehr, sehr alt«, hieß es wieder einmal, obwohl die Halle, in der wir standen, eine mit häßlichen neuen Kacheln beklebte Betonkonstruktion war. Das Kultbild aber war wirklich alt, oder besser: jenseits jeder historischen Epoche, auch wenn man es erst gestern zum Idol bestimmt hätte. Hier war mehr von dem schwarzen Stein zu sehen, und er besaß auch eine deutlichere Form. Im letzten Jahrhundert ist mit dem Begriff »Phallus-Symbol« viel Narretei verbunden gewesen, aber wenn er einmal am Platze war, dann hier. Bairov erschien als bananenartig gebogener Riesenphallus, der zwischen zwei dicken runden Testikeln aufstieg. Auch er war mit einem Augenpaar bemalt – dies war nicht der »blinde Gott« der Antike –, und auch er hatte einen Schlund, der weit aufgerissen war und nach Opfergaben schrie, wie die aufgerissenen Schnäbel der Vögelchen im Nest.

Nur wenige Pilger waren erschienen, vor ihm hatte sich kein erregter Haufen gebildet wie im Heiligtum am See, und das trug auch dazu bei, daß ich ihn mit geringerer Spannung betrachtete. Hier huldigten ihm vor allem drei schöne und elegante junge Mädchen, deren Saris wie von einem Opernregisseur farblich aufeinander abgestimmt waren. Sie gingen mit Zärtlichkeit zu Werke. Bairov wurde mit einem stark duftenden Jasminöl beträufelt, die schlanken Hände der Mädchen rieben den Götterkörper innig damit ein und klebten dann feine Metallfolien in leuchtenden Farben auf die öl-klebrigen Flächen. Mit dem vielen hauchzarten Stanniol am Leib bekam Bairov geradezu etwas Weihnachtliches. Dann entzündeten die Mädchen eine schwarze Lavendelölpaste, die wiederum einen guten Duft verbreitete, und schwenkten sie vor dem Idol hin und her. »Sie wollen, daß Bairov glück-lich ist«, sagte Sudhir voll Wohlwollen, »und der Duft gerade dieser Lavendelpaste macht ihn glücklich.«

Mich erstaune, daß Bairov hier die Gestalt des Phallus ange-nommen habe, raunte ich Sudhir zu, während ich meinen Blick von den schönen, hingebungsvoll das Idol streicheln-den Mädchen nicht lösen konnte. Sudhir war äußerst ver-wundert. Was für eine Gestalt? Nein, davon könne gar keine Rede sein. Und die jungen Mädchen empfänden das mit Ge-wißheit auch nicht anders. Ich hätte ohne Zweifel etwas ver-wechselt, weil Bairov hier in anderer Gestalt erscheine als am See. Und dennoch: dies sei kein Phallus, dies sei Bairov. Was hinderte ihn daran, auszusprechen, was so klar vor unseren Augen lag? Es war aber gewiß nicht Prüderie, die aus ihm sprach, obwohl man sich unter Menschen seines Stiles in In-dien erheblich behutsamer in Fragen der Geschlechtlichkeit äußerte als bei uns.

Der zweite Eindruck von Bairov überdeckte den ersten ein wenig, hier zeigte sich der Gott eher von der grotesken als der gefährlichen Seite. Und dennoch: Unruhe erfüllt mich, wenn ich daran denke, daß es Bairov gibt. Mir wäre wohler, ich hätte das nie erfahren.

Das Personal gratuliert

Askese, Weltverleugnung, Fasten, als Bettler leben, der aber jeden Tag nur so viel betteln darf, wie er gerade zum Überleben braucht, ohne Kleider leben, nackt und mit grauer Asche eingerieben, die Tage in einer einzigen Meditation verbringen, als Wanderer umherziehen und keine Heimat mehr haben – das sind die großen Lebensideale der Hindu-Religion und nach ihrer Überzeugung die einzigen Mittel zur Erlösung der Seele. Aber daneben steht dann Diwali, das große Lichterfest zu Ehren der Göttin Lakshmi, die Reichtümer, Luxus, Geld, Vorteile, irdisches Glück aus ihren Rosenfingern regnen läßt. Da ich mich mit der Hindu-Theologie oder vielmehr einer der vielen möglichen Theologien nicht genügend befaßt habe, vermag ich nicht zu sagen, an welcher Stelle des großen Systems – wenn es ein solches überhaupt gibt, wenn das nicht allzu westlich-scholastisch gedacht ist – der Dienst der Lakshmi im Verhältnis zu den großen und unumstößlichen Zielen der Entsagung steht. Göttin ist Lakshmi schließlich, Wohlhabenheit und Fülle auf Erden sind schwache Spiegel jenes himmlischen Reichtums, in dem sich die Abundanz und die Ordnung nicht mehr widersprechen.

Aber adelte Lakshmi nicht die schlichte Habgier? Am Diwali-Abend waren viele öffentliche Gebäude reich mit Lichterketten illuminiert, vor allem aber die Privathäuser, auf deren Mauern und in deren Fenstern und Einfahrten viele Tontöpfchen mit Butterfett, dem Ghee, standen, das in einer flackernden rußenden Flamme verbrannte. In der Diwali-

125

Nacht legten sich die Hausbewohner bei unverschlossener Haustür zur Ruhe, um der Göttin, die man sich mit nackten Füßen, jeder Zeh mit einem kostbaren Ring geschmückt, auf den Straßen umherschweifend vorstellte, Gelegenheit zu geben, neugierig einzutreten und mit jedem Schritt im Haus segensreichen Goldstaub zurückzulassen. Es war mir unmöglich, bei diesen von Lampen erleuchteten Häusern, deren Bewohner schliefen, nicht an das Wort Jesu zu denken, in dem er davon sprach, daß die Dämonen »ein gefegtes und mit Lampen geschmücktes Haus« finden und darin einziehen, um dem Besitzer dieses Hauses schlimmste letzte Tage zu bereiten, so stark glichen sich die Bilder, nur daß hier alles ins Unproblematische gewendet schien. Für das festliche Familienessen brachten Sikander und Sunil mir eine Art hochgeschlossenen schwarzen Kaschmir-Gehrock, dessen Ränder reich bestickt waren, ein Staatsornat aus Sudhirs Garderobe; ich wußte schon, daß er, bei vordergründiger männlicher Gleichgültigkeit gegenüber seiner Erscheinung gelegentlich einen geradezu prinzenhaften Luxus trieb.

Geetanjali war offenbar dazu ausersehen, für den Familienkreis das Erscheinen der Lakshmi körperlich vorwegzunehmen. Sie trug goldene Armreifen mit Gehängen, die ihr bis zum Knie reichten, die ganze Brust war mit übereinandergelegten breiten Colliers bedeckt, der schwere rote Sari reichlich mit Brokatschleifen durchwirkt. Sie sah wirklich aus wie ein mit frommen Weihegaben überhäuftes Götterbild.

Kitty hatte während des ganzen Festabends das Telephon am Ohr und rief allen möglichen Leuten ihr »Happy Diwali!« zu; ich fragte mich, ob hier nicht ganz bewußt und erst seit neue-

rem eine Anlehnung an amerikanische »Merry Christmas!«-
Sitten beabsichtigt war.

Amerikanisch war auch die Ermahnung gewesen, die Kitty
vor den militärisch angetretenen Schülern bei Entlassung
in die Diwali-Ferien ausgesprochen hatte: kein Geld für
Feuerwerk auszugeben, sondern lieber den Armen zu helfen.
Heuchlerisch hatten diese Worte schon deswegen nicht ge-
wirkt, weil keiner der Anwesenden vorhatte, sich daran zu
halten, sie erschienen wahrscheinlich wirklich wie etwas
Exotisches, wie ein Zitat einer irgendwie zu erstrebenden, im
ganzen aber fernen und fremdartigen Lebensweise. Wer in
Kittys Welt ernsthaft das Wohl der Armen im Auge gehabt
hätte, der hätte die Armen mit dem Diwali-Feuerwerk in
eine Art notwendige Verbindung bringen müssen: etwa indem er es für das uralte, lange verschüttete Vorrecht der Armen erklärte, die Feuerwerksraketen gegen einen Obolus
anzuzünden.

Vor Kittys und Sudhirs Haus besorgte das Abschießen der
Raketen Sikander. Die Raketen-Stäbe überragten ihn. Er
ging mit einem ingenieurshaften Ernst zu Werk. Nach einer
Stunde der Beschießung des Himmels funkelten immer noch
bengalische Sternregen über unserem Dach, aber andernorts
wurde es noch toller getrieben. Die ganze Nacht krachte es
wie in einem großen Krieg. Ich stellte mir die umherschwei-
fende Göttin bei den Besuchen der Häuser eher als Schutz-
suchende vor, zwischen Knallfröschen und Donnerschlägen
in die Sicherheit des nächsten Tores hineinspringend.

Die ohnehin üblichen Besuche verdoppelten sich rund um
Diwali. Ein besonders stark nach süßer Milch schmeckender
Kuchen war das rituell gebotene Geschenk der Zeit, es war,

als sei er mit der Muttermilch der Göttin zubereitet. Man überbot sich in prunkvollen Glückwunschkarten, handgeschöpft aus den Fasern verschiedener Pflanzen, in manche Papiere waren getrocknete Blüten gepreßt, viele trugen das Bild des lächelnden, elephantenhäuptigen Gottes Ganesha mit rosig rundem Säuglingsbauch.

Aber der schönste Diwali-Besuch war der des Schulpersonals. Das war eigentlich auch gar kein Besuch, sondern eine große Huldigung, eine festliche Zeremonie, die Kitty und ihrer Familie von den Putzfrauen und Hausmeistern und Fahrern jener Schule, deren Prinzipal Kitty war, bereitet wurde. Wieder bewährte sich die Leichtigkeit, mit der hier ein Festzelt für viele Menschen abgesteckt und aufgebaut wurde. Der ganze Hof war mit bunten Tüchern verhängt, es wurden Matten ausgelegt, ein Büfett aufgestellt, alles in den wenigen Augenblicken vor dem Eintreffen der Scharen. Die Gehälter, die diese Schule den Lehrern zahlte, waren schon schmal genug, aber was die Putzfrauen und Hausmeister erhielten, wird sich an der unteren Grenze der Kümmerlichkeit bewegt haben. Dafür gab es aber viele Angestellte. Es war ein großer Kreis von Menschen, der von der Schule nicht gerade lebte, aber doch eine gewisse Unterstützung empfing. Hier galt noch die staatliche Praxis, einer Witwe nicht einfach eine schmale Pension zu gewähren, sondern ihr die Stelle ihres Mannes anzubieten. Die Putzfrauen kamen aus den Dörfern, sie waren mager und ihre dunklen Gesichter verhärmt, aber ihre Saris leuchteten in allen Regenbogenfarben. Je wohlhabender die Menschen wurden, desto grauer sahen sie aus, das schien eine sozial-evolutionäre Gesetzmäßigkeit aller modernen Kulturen zu sein; mit dem Geld als höchstem praktischem Ausdruck der Abstraktion zog der Geist der Unanschaulichkeit in die Seelen ein.

So schnell und mühelos der große Festakt vorbereitet war, so gründlich eroberte sich eine Atmosphäre der Zeitlosigkeit und des unangestrengten Wartens ihr Recht zurück. Die Putzfrauen lagerten sich auf den linken Teil der Matten, der Mauer des Dienerquartiers zu, die Fahrer und Hausmeister, die Wächter und Hof-Feger hockten auf der rechten Seite, dazwischen war eine breite Gasse gelassen. Vorn paradierten vier weiße Plastiksessel als Ehrensitze der Herrschaften. Es konnte noch lange nicht losgehen; Kitty war in Organisationsfragen des Haushaltes versunken, Sunil stand ihr mit dem Ausdruck gespannter Hingegebenheit zur Seite oder besser, er saß zu ihren Füßen im Schlafzimmer, denn Kitty telephonierte auf dem Bett ruhend.

Das Signal zum Beginn der Feierlichkeiten kam schließlich aus heiterem Himmel. »Kitty Madam« und »Geetanjali Madam« hatten großen Feststaat angelegt und auch mit Schmuck nicht gespart, das gehörte zu ihnen, die gesamte Vorstellung von *underdressed* und vor allem *overdressed* war ihnen vollständig fremd, jeder zog, wann immer das möglich war, das Schönste an, was er besaß, so einfach war das.

Am Anfang kam gleich der Höhepunkt: Der Einzug der Hohen Familie; anders kann man unseren Weg durch die Gasse zwischen den Putzfrauen und den Hof-Fegern auf die Plastik-Throne zu nicht benennen. In einer einzigen Bewegung standen die etwa sechzig Menschen aus ihrem bequemen Schneidersitz auf und warteten, bis wir saßen, bevor sie sich selbst wieder niederließen. Ein wettergegerbter Militärveteran, der Sergeant an der Himalaja-Front im indisch-chinesischen

Krieg gewesen war und jetzt die Wächter der Schule befehligte, blieb stehen und trug die Glückwünsche der Angestellten vor. Blumengirlanden waren vorbereitet, Frauen bekränzten Kitty und Geetanjali, der Sergeant tat dasselbe bei dem seigneural unbeteiligten Sudhir und bei mir.

Es folgte ein Musikprogramm, zunächst von der häuslichen Dienerschaft. Sunil betätschelte mit den weichen Händen ein kleines Trommelfell und brachte einen komplizierten, in aller Eintönigkeit höchst melodisch wirkenden Rhythmus hervor, es war wie das Klopfen reifer Früchte auf den Boden. Sushil mit seiner Kappe trug ein Lied dazu vor, dem die Gäste schweigend und ohne Zeichen der Anteilnahme lauschten; Kittys demonstrativer Applaus wurde mit respektvoller Verwunderung betrachtet.

Sie war unruhig und auf den Festakt nicht konzentriert; in ihrer schönen großen Hand hielt sie das Mobiltelephon wie einen kleinen Marschallstab. Sie forderte jetzt eine junge Frau, die an der Seite saß, zu singen auf; die habe eine gute Stimme, bemerkte sie zu mir, die Frau sollte vorgeführt werden. Sie weigerte sich aber; man rief Kitty zu, sie sei zu schüchtern, was gar nicht zu dem ruhigen Stolz passen wollte, mit der sie den Kopf schüttelte.

Wenn sie zu schüchtern sei, dürfe sie mit dem Gesicht zur Wand singen. Dieses Zugeständnis wurde angenommen, die Frau stand in einer einzigen Bewegung, wie eine sich erhebende Schlange, aus ihrer Hockstellung auf, drehte sich zur Mauer und begann mit harter ernster Stimme einen Gesang, wie ihn eine Hirtin der Krähen hätte anstimmen können. Sunil tätschelte die Trommel dazu, als sei sie die Wange seiner neugeborenen Tochter, »flupp, flupp, schlapp, schlopp«

machte die Trommel unter seinen Händen. Als die Frau gesungen hatte, drehte sie sich um und sah Kitty wieder mit einer Offenheit ins Gesicht, die mehr von Wildheit als von Ängstlichkeit sprach, und zog sich dann den Schleier über den Kopf, sie war von nun an unsichtbar.

Der Sergeant erklärte sich freiwillig bereit, ein Lied zu singen, aber so sehr er Respektsperson zu sein schien, war er zugleich durch seine großväterliche Gutmütigkeit auch Gegenstand des Spottes. Schon bei den ersten Worten seines Gesanges lachte alles; warum, verstand ich nicht. Seine Stimme klang knorrig und rauh, aber wie anders sollte sie schon klingen? Das Gelächter war wohl eher das Zeichen einer Befreiung, die allgemeine Beklommenheit löste sich etwas. Kitty telephonierte.

Jetzt trat Sikander in die Mitte, er hatte ein zerfleddertes Heft in der Hand, eine der wenigen Drucksachen, die ich in Bikaner gesehen habe. Geetanjali und Kitty schüttelten den Kopf. Sikander sei hemmungslos. Er ergreife bei solchen Anlässen die Gelegenheit, vielstrophige Lieder vorzutragen, man habe jetzt befohlen, daß es bei einer Strophe bleibe. Im übrigen werde man jetzt ins Haus gehen, denn so lange wir auf unseren Plastikstühlen säßen, werde keiner der Leute wagen, etwas zu essen.

Wie froh durfte ich sein, dennoch ein wenig von Sikanders Lied gehört zu haben. So klein er war, hatte er sich breitbeinig vor die Menge gestellt, warf einen lässigen Blick in sein Heft und begann mit einer gepreßten, unbefreiten, dem Bellen der Füchse verwandten Stimme ein rhythmisch sehr schwieriges Lied mit großem Schwung vorzutragen. Seine militärische Sicherheit, das Ordonnanzhafte seines Auftretens verband sich mit einem durchaus glaubhaften Bühnen- und Volksredner-Gestus. Er hatte jetzt durch das Charisma seines Auftritts eine deutlich breitere Brust. Sudhir über- setzte mir den Refrain, in den er immer wieder einfiel: »Kein Tag ist wie der andere, jeder Tag ist neu, es gibt gute und schlechte.« Wenn der Mensch gelernt hat, auf seine Hoff- nungen zu verzichten, und darüber nicht in Dauermelancho- lie verfällt, mag er sich mit solch resignativen Sprüchen trö- sten, die dann wohl als Altersweisheit gelten. Aber aus dem Munde des mit acht Jahren von seinen Eltern verkauften und nun mit dreiundzwanzig Jahren selbst Vater gewordenen Sikander klangen diese Verse anders: wie die Ansprache ei- nes Leutnants, der die erschöpfte Truppe zu neuem Mut und zu einer aus der Müdigkeit unmittelbar herauswachsenden Höchstleistung anstacheln will. Der Resonanzboden seines Gesanges war jene Tugend, die ihm auch sonst Autorität ver- lieh: Tapferkeit.

Der Heilige vom Shiva-Tempel

Sudhir erklärte mir, ein besonderes Gebet des Dankes gelte beim täglichen Opfer dem Guru, dem Lehrer, der dem Opfernden den Weg gewiesen habe. Die religiöse Praxis sei ohne Guru eigentlich nicht vorstellbar. Jeder Guru sei wiederum Schüler eines Guru, und so ziehe sich das Jahrtausende hindurch – ein platonischer Gedanke, dachte ich, die Wahrheit kann nur unter vier Augen, von einem zum anderen mitgeteilt werden, weil sie Erfahrung und nicht Wissen ist, aber ich hütete mich davor, einen westlichen Namen fallen zu lassen, denn ich hatte schon vorher die Erfahrung gemacht, daß Sudhir nicht darauf einging; vielleicht in der richtigen Empfindung, daß es mit Ähnlichkeiten und Verwandtschaften im Verhältnis zum Westen nicht gar so weit her sein konnte, wenn etwas derart anderes dabei herauskam. Wer habe ihn die Riten gelehrt? fragte ich statt dessen.

»Mein Vater«, antwortete Sudhir, dies sei hauptsächlich Sache des Vaters, aber er käme deshalb niemals auf den Gedanken, seinen Vater als seinen Guru zu bezeichnen. Nein, ein Guru sei etwas anderes, schwer, sehr schwer zu finden, manchmal glaube er, es sei sogar unmöglich. In dem unglücklichen Fall, daß man keinen Guru habe, setze man im Gebet an dessen Stelle Shiva. Und so mache auch er das, notgedrungen.

Aber wie könne es denn so schwer sein, einen Guru zu finden, wenn in jedem Tempel die Priester säßen, wenn die Klöster voller Mönche seien, in Haridwar und Rishikesh und auf dem Mount Abu die Einsiedler in Höhlen lebten und außerdem immer wieder Heilige aufträten, die von sich sagten, Avatare Vishnus zu sein?

Er lächelte während meiner Rede, es war ein mich unverdientermaßen einbeziehendes Augurenlächeln. Gewiß, die Heiligen. Er bestreite nicht, daß es sie gebe. Aber die meisten seien schmutzige Landstreicher. Die Priester seien ungebildet und ahnungslos und sprächen nicht einmal mehr in Grundzügen Sanskrit, sondern murmelten dem dummen frommen Volk etwas vor. Überall in der offiziell sichtbaren Religion stehe das Geldzusammenscharren an erster Stelle. Aber es lag kein Klagen in seinen Worten. Wir lebten im Kali Juga, in jenem letzten Weltzeitalter vor der flammenden Vernichtung der Erde und ihrem glorreichen Neubeginn, und wir lebten schon seit Jahrtausenden darin. Für diese Epoche war geweissagt, daß die Brahmanen Fleisch äßen und töteten und Geld nahmen und mit den ihrem Schutz befohlenen Frauen schliefen. Es mußte jetzt so sein. Wäre es besser gewesen – was wäre dann mit der Schrift? Und wenn die Schrift sich irrte, was sollte dann alle Frömmigkeit, die doch nur auf ihrem Fundament ruhte? Er habe die Hoffnung auch noch nicht aufgegeben. Er plane eine große Pilgerreise, eine Reise auf der Suche nach einem Guru. Kitty versuche ihn davon abzuhalten, aus naheliegenden Gründen. Noch sei nicht entschieden, wer stärker sei: Kitty oder seine Sehnsucht nach dem Guru.

Dies Gespräch fand statt, nachdem mir Kitty und Sudhir in eindringlichen Worten geschildert hatten, welch großer Heiliger in Bikaner lebe, welch weithin berühmter Mann, zu dem die Pilger strömten. Ein wirklicher Heiliger, das bestätigte auch Sudhir, freilich nicht der richtige Guru für ihn – vielleicht weil er zu nah war? Weil Sudhir nicht zu ihm pilgern und alles hinter sich zurücklassen konnte? Ich habe in dieser Frage nicht weiter herumgestochert. Es muß beim Guru wohl auch eine Art *coup de foudre* hinzukommen, ein blitzartiges Getroffenwerden: »Steig vom Baum herab, denn der Herr will heute bei dir essen!« Es sei der königlichen Familie zu verdanken, den Heiligen nach Bikaner geholt zu haben. Er war schon, als er in seiner Höhle auf dem Mount Abu lebte, hochgeehrt; der König habe dort eine Sommerresidenz besessen und den Heiligen dort kennengelernt. In Bikaner hatte er ihm die Aufsicht über den eigentlichen Familientempel übergeben, der Shiva geweiht war, wie bei einer Rajputenfamilie nicht anders zu erwarten. Dort lebte und lehrte der Heilige nun. Kitty rühmte sich einer besonders guten Beziehung zu ihm, auch das mochte Sudhir darin hindern, sich dem Mann weiter anzuvertrauen. Er werde mich empfangen, selbstverständlich werde er das.

Mir war diese Vorstellung nicht angenehm. Gewiß, Heilige wurden zu allen Zeiten von Volk umdrängt, sie legten den Menschen die Hände auf und ertrugen geduldig das wundergläubige Gerangel, weil sie die Leute als ihre Kinder betrachteten – aber ich wäre nicht das Kind des Heiligen, sondern ein neugieriger Europäer, an indischen Religionsphänomenen naschend, eigentlich müßte und dürfte mich ein solcher Mann hinauswerfen. Und was sollte Konversation mit einem Heiligen? Wäre es nicht viel besser, man gäbe mir die Gelegenheit, ihn von ferne zu betrachten?

Ich habe meine Bedenken nicht überzeugend genug vor-

getragen. Eines Spätnachmittags also fuhren wir vor dem
Shiva-Tempel vor. Da viele unserer Ausflüge und Besuche
wegen der terroristischen Hitze des Tages erst stattfanden,
wenn die Sonne sich dem Horizont näherte, sind die meisten
meiner Erinnerungen in den belebenden, die Gegenstände
sanft durchblutet erscheinen lassenden Pfirsich- und Apriko-
senton der Abendstunden getaucht. Das tat selbst sehr häßlichen und verwahrlosten Regionen gut, aber der Shiva-Tempel der königlichen Familie bedurfte keiner begünstigenden
Lichtregie, er war in seiner Skulptur so definiert, daß er auch
im körper- und farbenschwächenden Licht der Mittagssonne
seine edle Gestalt hätte behaupten können.

Immer wieder erlebte ich in Indien zu meiner Verblüffung,
daß mich die Bauwerke des Islam mitten in der exotischen
Fremde eigentümlich heimatlich berührten, als seien sie einem der europäischen Baugesinnung zutiefst verwandten Im-
puls zu verdanken, ganz anders als bei den palladianischen
Kolonialbauten, deren Gips und bürokratische Öde mich die
Entfernung von Europa noch deutlicher spüren ließen. Die
Herrscher von Bikaner hatten sich den islamischen Geschmack so zu eigen gemacht, daß sie sich ihm selbst in den
Belangen der Religion überließen, wo der Widerspruch am
heftigsten hätte sein müssen. Der Shiva-Tempel stammte
wohl aus dem achtzehnten Jahrhundert und war gewiß einer
der frühesten Hindu-Tempel nach den großen islamischen
Zerstörungswellen. Von hohen Mauern umgeben, in Abstand zur Stadt, glich er einem kleinen Lustschloß der Moguln, er war auf den ersten Blick gar nicht als Tempel zu erkennen. Zu dem festlichen großen Pavillon führte eine
schöne Freitreppe. Es gab hier keine Götter und keine Dämo-

nen, keine Tänzerinnen mit ballonartigen Brüsten und runden Schenkeln und keine Symbole wie die sonst allgegenwärtige Swastika. Der eigentliche Shiva-Schrein war von einer luftigen, von Marmorsäulen getragenen Halle umgeben. Dies war ein Bezirk von Klarheit und Reinheit. Es duftete nach einem herben unparfümierten Weihrauch.

»Er ist das, der hier alles so in Ordnung hält«, sagte Sudhir, der mein Staunen bemerkte. Ich hatte mich an die optische Überfüllung, die Überschwemmung mit allen möglichen Reizen gewöhnt, ich war nun schon damit einverstanden, jeden Tempel als eine Art großes religiöses Mahlwerk zu erleben, das den Besucher in sich hineinriß und ihn mit Eindrücken, die alle Sinne beanspruchten, durchwalkte, daß die gelassene Stille, die gezügelte Köstlichkeit des Details die größte Überraschung sein mußte.

Zu allen Tempeln bisher, gerade zu den allerheiligsten und ältesten, hatten immer auch Einbrüche der gedankenlosesten Häßlichkeit gehört. Wie Badezimmer oder Schlachthöfe waren sie gekachelt, grelle Malereien waren an die Decken womöglich von denselben Malern geschmiert, die auch die Kinoplakate malten, es war nicht eigentlich schmutzig, aber von Milch und Schweiß und Butterfett und Ruß mit einem fettigen Film überzogen. Und hier nun schien alles aus einem Guß, ohne restauriert oder nach puritanischen Schönheitsprinzipien traktiert worden zu sein, eine milde Patina lag auf den Steinen, als herrsche in den Mauern des Heiligtumes wirklich ein ewiger Sonnenuntergang.

In den vier Ecken der Wandelhalle, die den Schrein umgab, waren steinerne Lingams aufgestellt, die stilisierten Zeugeglieder Shivas, in der gleichfalls stilisierten Yoni seiner Gemahlin steckend oder aus ihr herauswachsend. In jeder dieser Kapellen war das Lingam wohl gerade eben erst verehrt worden, überall war ein ähnliches Stilleben entstanden: Das polierte, in seiner Stilisierung abstrakt erscheinende Idol war mit einer Blumengirlande geschmückt, man hatte ein Zeichen mit gelber Safran-Paste darauf gemalt wie auf die Stirn der Andächtigen, es war mit Milch und Joghurt frisch übergossen, das Weiß leuchtete auf dem alten Stein, Rosen und die blauen Blüten einer auf dem Tempelgelände wachsenden Winde schwammen darin, Räucherstäbchen brannten vor dem Idol. Im Museum in Delhi hatte ich sehr alte, kostbare Lingams gesehen, aber jetzt begriff ich, daß ich sie eigentlich nicht gesehen hatte, weil ihnen diese Zeichen einer frischen, täglich entgegengebrachten Verehrung fehlten, die das Kultbild erst vollendeten, so wie mich die gotischen Madonnen in einem Museum für alte Plastik kalt lassen, weil keine Kerzen vor ihnen brennen und weil sie nicht von dem bunten Licht eines Kirchenfensters beschienen sind. Sudhir belehrte mich: Jeder Andächtige müsse nach dem Tempelbesuch noch einige Momente auf den Podesten der Tempeltreppe sitzen, dem Platz der Bettler, um sich, ein Weilchen wenigstens, als beschenkter Bettler zu fühlen. So saßen wir denn an einem guten Ort, um auf die Audienz bei dem heiligen Mann zu warten.

Ein junger Mönch in der Safran-Toga holte uns Ritual-Bettler ab; ich erfuhr nun auf meine Frage, daß man das Rosa dieses Mönchsgewands nur aus Traditionsgründen »safranfarben« nenne, obwohl es mit dem eigentlichen Safran gar nichts zu tun hatte.

Der Heilige empfing in einem schönen, eher niedrigen Saal, dessen Decke von schlanken petrolfarben gestrichenen Säulen getragen wurde, dieser Kontrast ließ das heilige Rosa noch blühender leuchten. Er saß im Schneidersitz auf einem hohen breiten Thronsessel mit niedrigen Lehnen, ganz in geistlichem Safran, ein Stück seiner Toga hatte er sich über den Kopf bis zur Stirn gezogen. Auf das freundliche Winken des Greises traten wir zur Berührung seiner Füße unter tiefer Verneigung zu ihm. Ich wurde aufgefordert, mich nah an seinem Thron auf den Boden zu setzen. Wenn ich ihn ansehen wollte, mußte ich meinen Kopf in den Nacken legen. Ich war klein wie ein Kind vor ihm, er schwebte als ein der Erde nahegerückter Mond über mir. Der Heilige war ein schöner Mensch. Das hohe Alter hatte sein sehr helles, geradezu weißes Gesicht mit weichen Falten zärtlich und sanft gemacht.

Sein Anblick überzeugte mich sofort davon, daß dies ein Heiliger nicht nur im redensartlichen Gebrauch des Wortes sei. Ich hatte mir Fragen zurechtgelegt, um für den Fall einer Unterhaltung meinen Besuch irgendwie zu rechtfertigen, aber diese Fragen vergaß ich jetzt sämtlich. Ich wollte von dem heiligen Mann nichts wissen. Ich wollte, daß er mich eine Weile betrachtete. Mir war, als verstehe er mich. Er sagte nichts, sondern sah liebevoll prüfend auf mich herab.

Leider ertrugen Sudhir und Kitty das Schweigen nicht lange. Wenn ich zu ihrer Enttäuschung nichts sagte, dann wollten sie in die Bresche springen.

»Er kennt die gesamte Hindu-Religion«, sagte Sudhir in unser Schweigen hinein und wandte sich an mich. »Was ist das Reittier des Ganesh?«

»Die Ratte.«

»Was ist das Reittier der Kali?«

»Der Tiger.« Bei jeder dieser Antworten war mir, als müsse ich in den Boden versinken.

»Sehen Sie«, sagte Sudhir, und Stolz über seinen Schüler lag in seinen Augen, »er weiß alles.«

Es waren meine beiden Führer, denen ich zu Dank verpflichtet war, um derentwillen nun doch so etwas wie ein Lehrgespräch geführt wurde. Der Heilige war nicht ein Asket der schroffen Art, der die Leute, die auf einer bescheideneren Ebene ausharrten, vor den Kopf stoßen mußte. Er sprach unter den unterwürfigen und zugleich fordernden Blicken des Ehepaares, das entfernt von mir saß, von der Suche nach Gott in unserem tiefsten Selbst, einem uns unbekannten Selbst, das erst sichtbar werde, wenn wir alle unsere individuellen Eigenschaften abgetötet hätten. Es waren schöne und wahre Weisheitsworte, die noch schöner und wahrer erschienen, weil er es war, der sie aussprach, aber es waren dennoch Generalisierungen, abstrakte Maximen, die mehr verbargen als preisgaben, und mehr konnte jetzt auch gar nicht geleistet werden. Hätte ich ein Jahr zu seinen Füßen verbracht, und würde er zur Entlassung dann noch einmal diese Worte gesprochen haben, dann hätten sie für mich wohl ganz anders geklungen. Aber während er sprach, kam mir der Verdacht, daß ihm selber das alles klar war und daß sein Reden nichts weiter als ein Vorhang sein sollte, hinter dem er mich ungestört eine Weile ansehen konnte. Und so ist alles, was gesagt wurde in dieser Stunde, aus meiner Erinnerung herausgefallen, und daringeblieben sind die Farben dieser Abendstunde – Rosa und Petrol – und die großen hellbraunen Augen dieses Heiligen auf seinem hohen Thron.

Die Kasten

»Wir kümmern uns nicht um Kasten«, sagte Kitty mit einer Entschiedenheit, die ich auch bei Intellektuellen in Delhi kennengelernt hatte. Diese Menschen litten darunter, von Reisenden aus dem Westen immerfort mit lauernder oder besorgter Miene auf die Kastenfrage angesprochen zu werden, den großen Hemmstein in Geschichte und Gegenwart Indiens auf dem Weg in die westliche Zivilisation. Große Menschenrechtskämpfer hatte das Land im zwanzigsten Jahrhundert hervorgebracht, an der Spitze Mahatma Gandhi, der gute Chancen hatte, zu einem kultur- und religionsübergreifenden Heiligen zu werden, aber ein häßlicher, ein nicht wegzuwischender Rest war geblieben, der mit dem Menschenrechtsenthusiasmus nicht zu vereinen war: die Kasten. Die Leute, mit denen ich gesprochen habe, mochten nicht repräsentativ sein für ihr Land – wer sollte das im übrigen sein, etwa die magischen Tausend, die von den Meinungsforschungsinstituten befragt werden? –, sie hatten mit den Zeitungen zu tun, sie schrieben Bücher und hofften, im Westen übersetzt zu werden, es war ihnen daran gelegen, sich so deutlich wie möglich als Mitglieder einer internationalen Gemeinschaft der Wohlmeinenden darzustellen. Bei dem Wort »Kasten« verdrehten sie die Augen wie bei den hoffnungslos bornierten Ansichten einer uralten Tante.
Sudhir und Kitty hielten die *Hindustan Times*, ein mageres Blatt, das ich in fünf Minuten durchgeblättert hatte, niemals allerdings, ohne etwas zu dem Problem der Kasten zu finden.

Während Bikaner unter auslaugender, auch im Oktober noch nicht nachlassender Hitze litt, war ein gleichfalls in der Wüste Thar gelegener Ort mit Namen Barmer von Regenfluten und Überschwemmungen zerstört worden. Tausende hatten ihre Häuser und Hütten verloren. Die Regierung sandte Helfer, die an die Notleidenden und Obdachlosen Nahrung verteilen sollten, und nun der Skandal: Die Obdachlosen weigerten sich, diese Eß-Pakete aus den Händen von *Parias*, von Unberührbaren, von *Dalits*, von Geschundenen, von *Harianas*, Gotteskindern, entgegenzunehmen. Die Namen für jene große Menschenschar, die sich nicht einmal der niedrigsten Kaste zurechnen darf, sondern außerhalb aller Kasten steht, lassen die Ratlosigkeit einer Regierung erahnen, die sich auf die Stimmen der Massen stützen will und zugleich mit solch uralten Institutionen, die einer westlich inspirierten republikanischen Verfassung entgegengesetzt sind, rechnen muß. Was sie auch tut, um das Kastensystem aufzuweichen, stärkt die Kasten. Wenn die alte Benachteiligung der Unberührbaren bekämpft werden soll, indem die Positionen der Staatsbeamten den Unberührbaren vorbehalten werden, dann wird eben der ganze Beamtenkörper zu einem Reservat der Unberührbarkeit. Wenn ein junger Brahmane mit guten Noten keinen Studienplatz erhält, nur weil er Brahmane ist und weil dieser Studienplatz das Privileg eines Unberührbaren sein soll, dann stärkt sich dadurch das Kastenbewußtsein beider, des glücklichen Studenten und des verhinderten Studenten. So erklärte mir Sudhir die Nachrichten. Mir wurde klar, daß Kittys Standpunkt eine offizielle politische *façon de parler* war, die Prinzipalin eines Gymnasiums hatte Sprachregelungen einzuhalten. Als Bismarck den

Franzosen 1871 die einst zum Deutschen Reich gehörenden Länder Elsaß und Lothringen wieder wegnahm, wurde in Frankreich die Devise ausgegeben: »Nie darüber reden, immer daran denken!«. So wurde es, jedenfalls was den Kreis meiner Gastgeber anging, auch mit den Kasten gehalten. Man erwähnte sie nicht oder so wenig wie möglich, aber sie waren immer im Bewußtsein.

Ich hatte schon bei früheren Aufenthalten in Indien von erschreckenden Mißhandlungen gehört, denen die Unberührbaren in den Dörfern ausgesetzt waren – und die meisten Inder leben in Dörfern –, wie sie mit Steinwürfen vom Dorfbrunnen vertrieben wurden und ein Leben im Unrat führen mußten. Aber konnte es wirklich ein soziales System geben, das ausschließlich auf Mißständen beruhte? Sollte eine der großen Kulturen der Weltgeschichte Tausende von Jahren unter dem Ballast krassen Unrechts gelebt haben? Wie kurzlebig war die römische Sklavenhaltergesellschaft oder der mittelalterliche Feudalismus, gemessen am Kastendenken.

Ich wollte Sudhir und Kitty beruhigen: Mir ging es nicht darum, den Finger auf irgendwelche wunden Punkte zu legen, mich zu entrüsten, tadelnde Vergleiche anzustellen und zu überprüfen, ob Indien das Klassenziel der Welthumanität erreicht habe. Ich war kein Politiker und fühlte mich auch nicht als Botschafter einer gerechten Weltordnung. Was mich antrieb, war der Wunsch zu verstehen, wie meine Freunde lebten und wie sie sich in ihrer überlieferten Welt zurechtfanden.

Konnte man sich nicht zunächst auf diese Unterscheidung einigen: Der Westen wollte von der Vorstellung ausgehen, die Menschen seien gleich – eine ideale, eine religiöse Vorstellung, ein echter Glaubenssatz, der dem Augenschein zunächst einmal widersprach. Die indische Auffassung ging von der Realität erheblicher und offensichtlicher Verschiedenheit der Menschen aus und versuchte, dieser ins Unüberschaubare gehenden Verschiedenheit systematisch Herr zu werden. Der Westen schloß von seiner Religion her auf die an sich nicht erkennbare Gleichheit der Menschen; Indien schloß von der realen Verschiedenheit der Menschen auf die Religion und versuchte, dort den tieferen Grund für diese Verschiedenheit zu entdecken. Sudhir lauschte meinen Versuchen der Einfühlung mit höflicher Zerstreutheit. War es nicht alles sehr viel einfacher?

»Es gibt die Kasten, sie sind eine Tatsache«, sagte er. »Tatsachen sind unabhängig davon, ob man sie anerkennt, ob man sie schätzt, ob man sie berücksichtigt. Sie bedürfen keiner Zustimmung. Wenn ich das Gesetz der Schwerkraft der Erde abschaffen möchte, weil ich es ablehne, und ein Ei aus meiner Hand fallen lasse, dann wird das Ei nicht zu schweben beginnen, sondern es wird auf dem Boden zerplatzen.« Es sei für das Kali Juga, in dem wir uns jetzt befänden, und zwar für seine letzte Phase vor dem Weltuntergang, übrigens geweissagt, daß die Reinheit der Kasten nicht mehr beachtet werde und es zu greulichen Kastenvermischungen komme, das sei dann kurz vor der flammenden Vernichtung, wenn die Welt in ihr gebärendes Chaos verfalle.

Waren die Kasten eine solche unbestreitbare, gleichsam naturgesetzliche Tatsache, weil sie so uralt waren, oder waren sie uralt geworden, weil sie Tatsachen waren? Zu den Freunden des Hauses gehörte ein Kaufmann mit Namen Agrawal, ein hochgewachsener schlanker Mann mit sehr souveränen Umgangsformen. Seine Familie gehöre ursprünglich der Kriegerkaste an, erzählte er mir, und jeder im Salon nickte: Das war allgemein bekannt. Die Kriegerkaste habe aber einmal so übel in dieser Region gehaust, daß ein heiliger Brahmane geschworen habe, alle Kshatriyas umzubringen. Der Agrawal-Ahne stellte offenbar eine erfreuliche Ausnahme unter seinen Kastengenossen dar; der Brahmane entschloß sich, ihn am Leben zu lassen. Damit ein so großer Heiliger aber nicht seinen Eid brechen mußte, habe der Agrawal-Ahne von Stund an für sich und seine Nachkommen auf sein Kriegertum Verzicht geleistet und sei Mitglied der Kaufmannskaste geworden. Wann das gewesen sei? Vor zwanzigtausend Jahren, antwortete der Kaufmann, der sich deutlich bewußt war, einen Spezialfall zu verwirklichen: ein Mitglied der Kaufmannskaste zu sein, eigentlich aber den Kriegern anzugehören.

Ich habe von Sudhir keinen eigentlichen Unterricht über die Kasten erhalten – dazu war das System zu ausgebreitet, es deckte in unzähligen Verästelungen die gesamte gesellschaftliche Wirklichkeit des Subkontinents ab, alle seine Nationen und Stämme, seine Sprachen und Kulturen waren darin abgebildet. Es war mir auch weniger wichtig, welche Auskünfte er mir zu dieser großen Konstituante der indischen Geschichte geben konnte, als wie er selbst es damit hielt.

Zunächst wurde deutlich, daß das Kastensystem nicht ohne weiteres mit den europäischen Klassen vergleichbar war. Das alte Europa hatte schon in der römischen Republik ein Bild des Staatsganzen als großen Körper entworfen, der verschiedene Organe besaß: einen Kopf, der befahl, und Hände und Füße, die ausführten; alle Organe waren gleich notwendig, die Hände gehorchten zwar dem Willen des Kopfes, aber der Kopf wäre ohne sie ohnmächtig gewesen, erst im Zusammenwirken aller Stände an ihrem Platz konnte das Gemeinwohl verwirklicht werden.

Obwohl die indische Kastenhierarchie auf den ersten Blick mit der mittelalterlich europäischen Hierarchie vergleichbar erschien – mit ihren großen Gruppen aus Priestern, Kriegern, Kaufleuten und Bauern –, stand ganz offensichtlich keine Vorstellung einer gesellschaftlichen Gesamtheit hinter dieser Hierarchie; es waren den einzelnen Kasten zwar Funktionen zugewiesen bis hin zu einer kaum vorstellbaren Spezialisierung in ihren Untergruppierungen, aber nicht in der Erwartung, daß sich aus diesen vielen Mosaiksteinen ein großes Bild ergebe, in dem jeder dieser Mosaiksteine seinen würdigen und notwendigen Platz einnahm. Es war eher, als seien die Kasten Völker, die nebeneinander lebten und sich in ihrem eigenen Rahmen vollständig genug sein konnten. In Deutschland wird in der gegenwärtigen politischen Diskussion mit Sorge davon gesprochen, die großen Einwanderergruppen könnten »Parallelgesellschaften« zur deutschen Gesellschaft bilden – das indische Kastensystem schien solche Parallelgesellschaften als festes und kennzeichnendes Fundament des Zusammenlebens auf indischem Boden geradezu zu wünschen. In jeder Kaste bildete sich die ganze Standespyramide eines Volkes ab: es gab sehr reiche Unberührbare und sehr arme Brahmanen. Die Könige entstammten meist der Kriegerkaste, aber der blauäugige Chauffeur von Sudhir und Kitty ebenfalls.

Weil die Brahmanenkaste hereditär den höchsten Grad menschenmöglicher Reinheit verkörperte, wurden Brahmanen gern als Köche angestellt, es war für alle Kasten eine angenehme Vorstellung, daß ein solch wesenhaft reiner Mensch sich mit der Zubereitung der Mahlzeiten befaßte, wie ja bestimmte Handlungen der den Brahmanen gleichfalls übertragenen Opferzeremonien etwas mit dem Kochen gemeinsam hatten. Die Kaste war stärker als die Religion und überstand mühelos Konversionen. Von dem katholischen Priester, der die größte Schule von Bikaner leitete, wußte man, daß er brahmanischer Katholik sei – anders hätte er sich gar nicht an den Altar stellen können, und von den wohlhabenden Muslimen der Stadt wußte man, daß sie vor Jahrhunderten konvertierte Unberührbare waren, aus deren Küche man, bei sonst herzlichem gesellschaftlichem Umgang, nichts essen durfte. Kitty machte es sich vielleicht selbst nicht klar, daß ihre Überzeugung, in Muslim-Küchen gehe es nicht besonders hygienisch zu, der Versuch war, dieser Erinnerung an die Herkunft der indischen Muslime eine moderne, vom Kastenurteil scheinbar unabhängige Gestalt zu verleihen.

Es war aber keineswegs so, daß Sudhir und Kitty angestrebt hätten, in ihrem Umgang auf Brahmanen beschränkt zu bleiben. Die Notabeln, die bei ihnen erschienen, gehörten den verschiedensten Kasten an – das im Englischen bevorzugte Wort hieß »community« – »Dies ist in unserer *community* nicht üblich, jenes entspricht den Regeln von deren *community*.« Sprechen so nicht auch polnische, jüdische, serbische und chinesische Einwanderer in Nordamerika? Der Steuereinnehmer, eine gefürchtete, militärisch herrenhaft auftretende Persönlichkeit, war Muslim, der Juwelier Kothari war Jain, also strenggenommen gar kein Hindu, aber im Rang der Kaufmannskaste zugeschlagen; besonders freundliche Beziehungen bestanden zu einem Großgrundbesitzer der Shudra-Kaste, das war schon die unterste Schublade im System; diesem großen strahlenden Mann gehörten drei Dörfer; er war ein Zamindar, wie solche Landbesitzer seit der Mogul-Zeit genannt wurden. Wenn diese Männer mit ihren Frauen, bei denen der unterschiedliche »community«-Stil viel deutlicher sichtbar wurde, zusammensaßen und Tee tranken, war es, als säßen Abgesandte verschiedener Völker beieinander, Botschafter mit einer geschliffenen Art des Umgangs, mit guter Kenntnis des jeweils anderen Milieus und mit einer bombenfesten Verankerung in der eigenen Welt. Keiner dieser Leute stand für sich allein; jeder wohnte in einem Familienhaus, das bienenwabenartig von Generation zu Generation wuchs, Fünfzig-Zimmer-Häuser, in denen es dennoch für niemanden ein Zimmer gab, in dem er sich hätte einschließen können.

Es wäre eine Absurdität, den sozialen Charakter des Kastensystems zu leugnen, den Aspekt von Herrschaftsausübung und Unterordnung, aber es trat nach meiner Erfahrung eben noch anderes und vielleicht Wichtigeres hinzu: Die Kasten hatten auch einen anthropologischen Aspekt, sie hatten in den Jahrtausenden ihres Bestehens Menschen des verschiedensten Schlages hervorgebracht, sie waren ein psychologisches System, dem der Sternkreiszeichen vergleichbar, sie hatten Archetypen gebildet, die der indischen Geschichte ihre spezifischen Farben verliehen. Ich konnte mir die Kasten nicht nur als ein System der Über- und Unterordnung, sondern ebensogut auf gleicher Ebene, in der als notwendig empfundenen Abgrenzung, nebeneinander existierend vorstellen. War Kittys Salon nicht die Miniatur eines Indien, in dem die Eigentümlichkeit der einzelnen Kaste gewahrt wurde, der Dominationsgedanke aber aufgegeben war? Wem diese Vorstellung zu idealisierend und harmonisierend klingt, mag sich an die eine Eigenschaft erinnern, die alle diese Mitglieder der verschiedenen Kasten gemeinsam hatten: das Geld.

Zwei Hindus

Der Herbst war von großen Festen gekennzeichnet; es begann mit der Festwoche zu Ehren Ramas, eines in allerfrü-
heste Geschichte hineinragenden Vishnu-Avatars, der aus
Ayodhya in Uttar Pradesh, wo er Fürst war, in die Verban-
nung ging, dem seine treue Gemahlin Sita vom König der
Dämonen, Ravana, der in Sri Lanka herrschte, geraubt wurde
und dem schließlich mit einem Heer von Affen unter der
Führung ihres Häuptlings, des zum Gott erhobenen Hanu-
man, der Sieg über Ravana gelang. Man feierte die Erinnerung an diesen Sieg in jedem Städtchen mit Theaterstücken,
den *Ramlillahs*, die den Leidensweg und den Triumph von
Rama vergegenwärtigten. In Bikaner fanden diese Aufführ-
rungen auf dem *College Ground* statt, einem weiten wü-
sten Gelände neben einem düsteren Amtsgebäude, in dem
angeblich Hebammenkurse abgehalten wurden, das ich aber
niemanden je habe betreten sehen. Jetzt war davor eine
Bühne aufgebaut, wie sie einst ein Kinderherz und wie sie das
meine immer noch bezauberte: mit üppig gerafften roten Vor-
hängen, mit Soffitten aus vielen Lagen bunter und goldener
Seide, im Hintergrund gemalte Bühnenbilder, die ruckend
heraufgezogen wurden oder beim Hinabfallen stets irgendwo
hängenblieben. Ravana mit seinen vielen Köpfen saß in
prachtvoller Götzen-Majestät auf hohem Thron und rollte
die Augen, während er tobte und schrie; das Götzenreich
wurde durch Wutanfälle regiert. Rama und sein Bruder waren
schöne Knaben mit blonden Perücken und goldenen Bögen,

150

amorettenhaft, auch Sita war ein sehr junger Mann, der sich durch seinen leicht trampelnden Gang verriet. Am beliebtesten aber waren die beiden Hanswurste, die durch das Spiel hindurchleiteten und in ihrer Torheit die rechte Wahl zwischen Gut und Böse, zwischen Rama und Ravana, oft nicht trafen, aber bei ihnen waren die Sünde und der Irrtum nicht abstoßend, sondern komisch, die tausendköpfige Menge, die auf schmutzigen Matten im Staub hockte, jubilierte. Dies starre, mit Gebrüll und überdeutlichen Gesten puppenhaft und schematisch aufgeführte Spiel begeisterte eine Menge, die längst durch die Bollywood-Filme, Video-Clips und Fernsehserien an dramaturgische Glätte und fatale Perfektion gewöhnt war – oder waren dies hier nur die ganz Armen, die noch nicht ohne weiteres Zugang zu den Produkten der zeitgenössischen Unterhaltungsindustrie hatten? In der Reihe vor mir erkannte ich einen jungen Rikschafahrer, der mich gelegentlich in die Innenstadt gebracht hatte, etwas weiter hockte der junge Khmer-Buddha aus der Friseurbude und blickte hingerissen auf die Bühne.

Die Krönung der Festaufführung war die Vernichtung Ravanas. Am anderen Ende des »College Ground« erhob sich der Dämonenkönig als riesenhafter Totempfahl, den die vielen Köpfe wie an einen Kreuzbalken geschlagen rechts und links umgaben. Dieser bunte Turm aus Pappmaché war bis zum Rand mit Feuerwerkskörpern gefüllt – als Ramas Feuerpfeil ihn schließlich traf, begann es im Innern des Dämons zu knattern, als platzten ihm die Gedärme. Dann stiegen hohe Flammen auf, in denen das Gerüst der Skulptur sichtbar wurde und zerfiel, während die Menge begeistert applaudierte, als habe sie eben wirklich ein für alle Mal den Untergang des Bösen miterleben dürfen. Denn Ravana war »das Böse«, wie es in der Zeitung in vielen Aufsätzen zum Rama-Fest wiederholt wurde. Eine allegorische Deutung der alten Mythen hatte sich in der gebildeten Öffentlichkeit durchgesetzt. Auch Kitty verkündete in der Schule, Ravana sei »das Böse«, das durch »das Gute«, symbolisiert durch die Figur und den Namen »Rama«, sein Ende erfahre.

Sudhir lauschte solchen Erklärungen mit Mißvergnügen. Es verhalte sich nicht so einfach mit Ravana, wie das gegenwärtig dargestellt werde. Es gebe eine starke Tradition, die Ravana eindeutig und ausschließlich als böse begreifen wolle, aber es habe immer auch andere Stimmen gegeben und gebe sie auch heute, ja, man finde nicht wenige Gemeinschaften, die Ravana mit besonderer Liebe verehrten und ihm opferten. Selbst das »Ramayana«, der Heldengesang von Ramas und Sitas Erdenwandel, lasse auch eine günstigere Deutung des Dämonenkönigs zu. Habe er Sita in den Jahren, in denen sie sich in seiner Gewalt befand, etwa Böses angetan? Habe er nicht ihre Ehre als Ehefrau Ramas geachtet und beschützt, obwohl sie schön war und obwohl niemand ihn daran gehindert hätte, mit ihrem Körper nach seiner Willkür zu verfahren? Es sei unbestritten, daß Ravana ein großer Verehrer der Götter gewesen sei, Sudhir gebrauchte den Ausdruck »a great worshipper«, und es gab gewiß nichts, was er höher achtete als einen wirklich hingegebenen »worshipper« – das war es, was er selbst sein wollte, so hieß das Ziel, das er selbst sich gesteckt hatte.

Sudhir und Kitty vertraten zwei Extreme der Hindu-Religion. Schon am Namen Kitty war ablesbar, daß sie aus einem Milieu stammte, das eine Amalgamierung mit den westlichen Fremdherrschern und ihren philosophischen Prinzipien gesucht hatte. Kittys Vater war den *Arya Samaj* beigetreten, einer im neunzehnten Jahrhundert gegründeten religiösen Gruppierung, die als eigentlichen Grund für die Unterwerfung Indiens unter Muslime und Engländer eine durch die Brahmanen geförderte Schwächung des Hindu-Charakters erkennen wollte. Alle in den vielen *Puranas* seit Jahrtausenden festgehaltenen Zeremonien, die Verehrung der Götterbilder und die mannigfachen Opfer, seien zur Fesselung des Volkes ersonnen worden. Es gelte, ein reines, ursprüngliches, starkes Hindutum unter dem brahmanischen Wust auszugraben. Nur das Feueropfer an die Elemente, wie es in den Veden beschrieben sei, gehöre zu den authentischen äußeren Verehrungszeichen; man bedürfe keiner Tempel und keiner Götter, um den »einen wahren Gott, die Quelle der Intelligenz und des Wissens« in sich zu tragen. Der Gründer der Sekte, die vor allem politisch sehr einflußreich war und großen Rückhalt unter den Anhängern der radikalen Hindu-Bewegungen fand, war selbst Brahmane und hatte in durchaus konsequentem brahmanischem Paternalismus einen neuen Weg zur Erlösung eröffnet. Was er über Gott sagte – die *Arya Samaj* verstanden sich im strengen Sinn als Monotheisten –, klang nach europäischem achtzehnten Jahrhundert, es war ein moralischer Deismus.

Kitty war keine Theologin und folgte ihrem Vater einfach als gehorsame Tochter, wenn sie den *Arya Samaj* anhing. Immerhin war sie Prinzipalin des von der *Arya-Samaj*-Bewegung getragenen Gymnasiums geworden und leitete das Morgenritual, wenn die militärisch angetretenen Schüler das Glaubensbekenntnis der Gemeinschaft nachsprachen, viel-

mehr, im Chor nachbrüllten: »O Lord!« – »O Lord!« – »Thou art …« – »Thou art …« – »… the deepest source …« – »… the deepest source …« – »… of all knowledge and intelligence …« – »… of all knowledge and intelligence …«
Aber sie hatte nun einmal diesen Mann geheiratet, der, wie sich herausstellte, in religiösen Fragen nach einigen Ehejahren ganz anders zu denken, oder besser, zu empfinden begann, und obwohl sich das Paar, was die Religion anging, gegenseitig alle Freiheit gewährte, gelangte sie allmählich zu einer vielleicht nicht sehr tiefgehenden Remythologisierung oder Resakralisierung ihrer religiösen Praxis, behielt aber die Neigung bei, diese Traditionen utilitaristisch zu deuten. »Es gehört zur Praxis unserer *community*« – gemeint war die Brahmanen-Kaste –, »daß die Frau dem Mann in den religiösen Riten folgt«, erklärte sie mit einem Ton, der keine Neigung zur Unterwürfigkeit erahnen ließ. Es lag viel Unausgesprochenes zwischen den beiden.
Für Sudhir war ein Dissens in der religiösen Praxis allerdings viel leichter zu ertragen als für einen engagierten *Arya-Samaj*-Anhänger, der genau wußte, wo die Wahrheit lag. Auch er wußte es, nämlich in den Riten und den Zeremonien der heiligen Bücher – aber er hielt nicht für ausgeschlossen, daß sie auch anderswo zu finden sei. Die Religion war für ihn in erster Linie Privatsache, aber nicht in dem Sinn, daß er es nicht für gut und richtig gehalten hätte, wenn sie jedermanns Privatsache geworden wäre. Sie war Privatsache, weil sie ihn persönlich anging und weil es darauf ankam, daß er, gerade er ihren Vorschriften nachkam. Keine Zustimmung anderer und schon gar keine Ablehnung von noch so berufener Seite konnte ihn in der Befolgung seiner Pflichten bestätigen oder irre machen.

Er war einmal ein eleganter junger Mann gewesen, wohl nicht ganz ohne gesellschaftliche Ambitionen, er gehörte zum Freundeskreis der königlichen Prinzen und nahm an ihren Amüsements teil – »er hatte Fleisch gegessen und Wein getrunken«: dies war die Formel, die er gebrauchte, um ein Leben fern des brahmanischen *Dharmas*, der Standespflichten eines Brahmanen zu charakterisieren. Er war Vertreter eines nordamerikanischen Chemiekonzerns geworden und hatte ein unruhiges und anstrengendes Reiseleben geführt – das wäre schon unter europäischen Umständen auslaugend genug gewesen, aber auf indischen Straßen und in indischen Zügen zählte ein Jahr für fünf in Europa. Und diese Mühen hatten ihm sein verwöhnt knabenhaftes Aussehen nicht geraubt. Anders als die Mitglieder der unteren Kasten, die mit vierzig Greise waren, wirkte er wie ein jugendlicher Mann, als er mit fünfzig zu arbeiten aufhörte. Er hatte diesen Augenblick mit Ungeduld erwartet, denn er fühlte, daß es schon spät war, um das eigentliche Leben zu beginnen. Dies Leben sollte dem gehören, was bis dahin zu kurz gekommen war, der Verehrung der Idole.

Wenn ich mit Sudhir über Religion sprach, fiel mir auf, daß dabei nie von Theologie oder Moral die Rede war. Und auch das Wort Glauben kam bei ihm nicht vor. Ausführlich und wortreich und um höchsten Detailreichtum bemüht, beschrieb er die Götter und die Kulte, die sie verlangten. Er erlebte die Hindu-Mythologie als ein lebendes Gewächs, das sich noch lange nicht ausgewachsen hatte und fortwährend neue erstaunliche Blüten trieb. Begegnete er einem Gott, der ihm bisher unbekannt geblieben war oder dessen besondere, hier und jetzt für ihn erstmals zutage tretende Eigenschaft ihm neu war, fragte er nicht, ob das, was ihm da begegnete, mit einer Hindu-Orthodoxie übereinstimmte; ich vermute, daß er mit dem Begriff Orthodoxie nicht viel hätte anfangen können, ebensowenig mit dem Gegenteil, der Heterodoxie; alles, was eindeutig festlegte, was klar definierte, was ausschloß oder präzisierte, war ihm fremd, es glitt an ihm ab, ohne daß er es hätte abwehren müssen.

Ich fragte mich, wieso ich ihm so gern zuhörte, obwohl er ausschließlich in der Sphäre der Götter und ihres Dienstes blieb und die große indische Philosophie überhaupt nicht mit diesem konkreten Tun in Verbindung brachte, auch niemals von den Wirkungen auf die Seele sprach, die Befreiung und Bewußtseinserweiterung, den Frieden und die Harmonie mit keinem Wort erwähnte, von denen sonst im Zusammenhang mit indischen Meditationsübungen stets die Rede war.

»Ich bin nicht sehr weit in diese Dinge vorgedrungen und werde vielleicht auch nie sehr weit vordringen, aber das steht auf einem anderen Blatt und hat mit dem täglichen Gebet nichts zu tun«, sagte er geradezu ein wenig wegwerfend, als ich die Rede auf Meditationstechniken bringen wollte.

Ich versuchte eine psychologische Erklärung, um ihn zu verstehen. Ich unternahm es, einen Charakter zu entwerfen, der zu ihm gepaßt hätte, jenseits und weit vor aller konkreten Religiosität. Für diesen Charakter war das Heilige ein Axiom. Es gehörte zu seinen Grundreflexen, daß es das Heilige gab, und er vermochte das Heilige auch zu definieren: Es war vor allem, was er selbst nicht war. Dann war das Heilige das Alte. Das Alte und das Heilige waren beinahe synonym; auch dieser Satz bedurfte für diesen Menschentypus keiner Begründung, obwohl es die vielleicht gegeben hätte. Das Heilige

wurde fernerhin nicht daran erkannt, daß es gut war – es ver-
hielt sich umgekehrt: Gut war, was aus dem Heiligen
stammte; das Gute konnte nur gut sein, weil es vom Heiligen
hervorgebracht worden war. Des weiteren störte es diesen
Menschentypus nicht, wenn das, was aus dem Heiligen her-
vorging, widersprüchlich war – im Gegenteil, das Widersprüchliche galt ihm erst recht als Erkennungszeichen einer
heiligen Herkunft. Das Absurde waren für ihn die Trümmer
einer größeren Ordnung, die in diese Welt hineingefallen
waren, das Widersprüchliche oder das Absurde war also ein
Stückchen Jenseits.

Und schließlich würde diese Menschenart das Heilige, wenn
es sich zeigte, verehren wollen, zu ihm hingehen, sich vor
ihm niederwerfen und ihm Bewunderung und Liebe zeigen.

Es wurde mir dann klar, daß der Charakter, den ich da entworfen hatte, eigentlich eher eine Selbstbeschreibung war;
ich konnte nur hoffen, Sudhir mit ihr nicht ungehörig zu ver-
einnahmen.

Das morgendliche Puja

Wenn ich in meinem Zimmer auf dem Bett lag, erreichte mich gelegentlich eine leichte Fahne von Sandelholzrauch, der durch Spalten und Ritzen eindrang, obwohl Sudhirs Tempel einige Zimmer entfernt lag. Die große Treppe in der Halle führte auf ihn zu; dieser Tempel war nichts anderes als ein von dünner Wand abgetrenntes, aus Oberlichtern beleuchtetes, kleines Gelaß, in dem der marmorne Schrein stand, ein aus Steintafeln zusammengesetztes Häuschen für das Idol der Göttin Parvati, Shivas hoher Gemahlin. Davor lagen Kissen und eine Fülle kleiner Gerätschaften für den Opferdienst. In diesem Tempel verbrachte Sudhir jeden Tag mehrere Stunden; wenn die Tür offen stand, sah ich ihn im Schneidersitz vor diesem Schrein hocken, ein großes orangefarbenes Tuch lag um seine Schultern, er war leicht vorgebeugt und angelegentlich beschäftigt; es wurde etwas ergriffen, etwas abgestellt, etwas ausgegossen, und dabei blickte er gelegentlich auf ein an seiner Seite liegendes Buch und las mit sich leise bewegenden Lippen. Ein konzentriertes vielfältiges Tun erfüllte diesen Tempel, er war kein Ort der Versunkenheit oder der Träumerei. Als ich einmal nach seinem Morgenopfer fragte, lud Sudhir mich sehr freundlich ein, an der Zeremonie teilzunehmen, er werde mir alles erklären, aber ich glaubte zunächst, diese Einladung überhören zu sollen. Es kam mir ungehörig vor, diese stillen Morgende zu stören, und er wiederholte die Einladung auch nicht.

»Sie werden daran teilnehmen, wenn es soweit ist«, sagte er eines Tages unvermittelt und mit verheißungsvollem, aber auch etwas ironischem Lächeln. Wann war es soweit? Befragte er die Sterne oder die Tarot-Karten? Wollte er mich eine Weile beobachten, um sich zu vergewissern, daß dies Experiment die Chance habe, zu gelingen? Eines Abends, nach dem Essen, eröffnete er mir, daß morgen vormittag die Stunde meiner Teilnahme gekommen sei. Ich möge ein Bad nehmen – durch Übergießen mit dem Eimer, in klassischer Weise, dieser Eimer stand neben der modernen Badewanne bereit – und neue Kleider anziehen. Ich freute mich, in dieser Vorschrift, vor dem Opfer zu baden, einen jener vielen Bräuche wiederzufinden, der den alten Religionen gemeinsam war, denn Baden mußten auch die Priester der griechischen Antike vor dem Opfer und die der griechischen Orthodoxie vor der Göttlichen Lithurgie. Aber ich wußte schon, daß ihm solche Vergleiche nicht gefielen. Wann solle ich bereit sein? Sikander werde mich um zehn Uhr abholen.

Sikanders Anteil an der Opferzeremonie, dem Puja, war nicht gering. Man konnte ihn geradezu einen Akolythen nennen, so viel war herbeizubringen und wegzuschaffen. Er schlug die Augen dabei nieder, wie er es tat, wenn er mir den Morgentee ans Bett brachte, um zu vermeiden, etwas Unpassendes zu sehen, ganz anders als sonst, da er mit falkenartiger Strenge und auch Ruckhaftigkeit umherblickte. Jetzt waren es Plastiktüten, die er bereitstellte. Wie alles in unserer Zeit wurden auch die Opfergaben in Plastiktüten herbeigeschafft, und ein schöner Korb oder eine Tonschüssel wären schließlich auch nur Profanitäten gewesen, der ästhetische Gesichtspunkt spielte gar keine Rolle. Ich ließ mich in dem mir von Sudhir mit einer Handbewegung zugewiesenen Winkel nieder. Ich hatte ein Heft dabei, um zu notieren, was er tat, und ich machte mir tatsächlich eine Reihe von Notizen, aber ich werde aus vielem, was ich notiert habe, nicht mehr klug und habe wohl auch die Reihenfolge der komplizierten Handlungen durcheinandergeworfen. Und doch stehen mir die Stunden in diesem nüchternen Tempel deutlich vor Augen, wenn ich in meinem Heft blättere.

Das Beten Sudhirs bestand in einem Umsorgen der Gottheit. Im Hôtel-Dieu von Beaune sieht man im großen Krankensaal mit dem Jüngsten Gericht des Rogier van der Weyden die lange Reihe der Alkoven, vor denen jeweils ein Stuhl für die Pflegerin steht. Sudhir hielt, so empfand ich das unversehens, wie eine solche Pflegerin am Alkoven der Gottheit Wache und reichte ihr, was sie brauchte und was ihr zur Erfrischung und zu ihrem Wohlbefinden diente.

Das große Gebet begann mit einer Anrufung der Tür des Heiligtums, die den Zugang zum Schrein und zu seiner Verehrung eröffnet hatte. Hätte ein Theologe Sudhir jetzt erklärt, in einer solchen Anrufung beweise sich sein Pantheismus, dann hätte er eine verständnislose Miene gesehen. Was bedeutete ein solcher Begriff, wenn Gott sich in diesem Augenblick doch gerade tatsächlich in dieser konkreten Tür offenbarte, wie hinreichend erkennbar war, weil das Puja begann und nur durch den Eintritt in das Heiligtum hatte beginnen können? Die Mantras, die er während dieser und anderer Verehrungshandlungen las, standen in einem abgegriffenen, in roten Stoff eingebundenen Buch – ihre Anzahl sei *ad libitum*, bemerkte er aufblickend, er bete in meiner Gegenwart jetzt nur das unbedingt Erforderliche. Zum Beten der

Mantras half ihm ein Rosenkranz mit hundert Knoten; man hing ihn über den Mittelfinger und zählte die Knoten mit dem Daumen ab, ohne sie mit dem Fingernagel zu berühren, der Zeigefinger wies dabei nach vorn, aber die ganze Hand mit dem Rosenkranz wurde am besten in einem kleinen orangefarbenen Sack verborgen, um die Dämonen daran zu hindern, sich in das Gebet hineinzuflechten.

Wasser stand in der Varuna-Muschel bereit, so wie viele Kirchen große Muscheln als Weihwasserbecken haben; vorzuziehen war eine Muschel mit großen Dornen, die als männlich galt, während die Muschel ohne Dornen weiblich war; ich hatte die Freude, in einer Devotionalienhandlung in Bikaner eine besonders schöne männliche Muschel zu finden, deren Spitze abgesägt war, ein Muschelhorn, wie die Tritonen es blasen und wie auch Sudhir es gegen Ende des Puja blasen würde, es hatte einen hohlen, weithin tragenden Ton wie aus Grotten und Klüften.

Das Wasser, der Gott Varuna, war angebetet, und nun ging es daran, der Göttin ihr Bad zu bereiten. Ein Götterbad bestand aus den fünf Nektaren: dem Butteröl, dem Honig, ungekochter Milch, Joghurt und Rohrzucker. Sikander entnahm Dosen und Flaschen den Plastiktüten, Sudhir stellte das Gemisch her und übergoß damit das kleine Idol der Göttin. Jetzt nahm er Blütenblätter einer dunkelroten Rose in die Hand, mischte sie mit ungekochtem Reis und betete, während er das Ganze mit der anderen Hand bedeckte. Nach dem Gebet schüttete er mit beiden Händen Reis und Rosenblätter vor dem Altar aus, diese Geste war von einer Schönheit, wie man sie bei den Statuen der Tempel fand, Kunst und Leben gingen hier eine mühelose Verbindung ein.

Die Safranpaste wurde angerichtet, um den täglich zu erneuernden, heiligenden Schmuck für Götter und Menschen herzustellen, den Punkt auf der Stirn, bei einem Shiva Puja wären es sogar drei Striche auf der Stirn gewesen. Mit feinem Finger rührte Sudhir in der stark leuchtenden Paste und trug sie dem kleinen Götterbild, aber auch einem winzigen Lingam und dem seitlich stehenden Hanuman-Idol auf, und nun wurden auch noch ein paar Reiskörner in die Paste hineingeklebt. Waren die Götter geschmückt, kamen die Menschen an die Reihe, auch ich erhielt einen Tilak, und Sudhir applizierte sich selbst seinen gelben Fleck auf die Stirn. Er erklärte manchmal, was er tat, mit ruhiger Stimme und ohne mich anzusehen. Die Erklärungen fügten sich den leise gesprochenen Gebeten mühelos ein. Ich stellte mir vor, daß ein Vater auf diese Weise seinen Sohn unterwies, daß diese Unterweisungen und knappen Erklärungen während des Opfers zum Zweck der Weitergabe des Rituals sogar vorgesehen waren, und ich meinte festzustellen, daß Sudhir sie auch in diesem Sinne vornahm: als habe er die Vorstellung, mich in dieses Opfer wirklich einzuweihen, damit ich es eines Tages selbst vollziehen könne. Es wäre ihm nicht in den Sinn gekommen, daß man ein Opfer bloß interessant finden könnte. Der Blick des vergleichenden Religionswissenschaftlers war ihm das Allerfremdeste. Die objektive Heiligkeit des gesamten Vorgangs erschloß sich nur dem, der sich ihr unterwerfen wollte, und was war so schwer am Unterwerfen, wenn das Heilige sich in solch beredter Fülle darbot?

Ein zweites Bad erhielten die Idole mit Gangeswasser, das Sudhir in einem Kanister aufbewahrte. Für die Übergießung des Lingams – solche winzigen Marmorlingams, in Geschäften zu Hunderten ausgestellt, hatte ich für Andenken-Nippes gehalten, dabei waren sie für häusliche Oratorien bestimmt – konnte ich Sudhir ein Messinghorn überreichen, das ich in jenem Devotionaliengeschäft nur gekauft hatte, weil es so hübsch aussah: Am dünnen Ende lief es in einen kleinen Kuhkopf aus, einen Gau-mukh. Sudhir zeigte mir, wie man das Horn mit den fünf Nektaren füllte, es in der linken Hand hielt und den dünnen Strahl aus dem Kuhmaul auf das Lingam richtete, während die rechte Hand die Seiten des Gebetbuches ungehindert umwandte.

Die Götter hatten gebadet, jetzt mußten sie auch angekleidet werden. Viele Geschäfte des großen Basars waren auf Götterkleidung spezialisiert: bunte, fächerförmig plissierte Seiden mit vielen Goldfäden, die den Idolen angesteckt wurden, wie im katholischen Süden die Madonnen eine prächtige Garderobe für jede liturgische Gelegenheit besitzen und wie in der Orthodoxie die Ikonen Ornate aus Silber- und Goldblech, den Oklad, erhalten. Aber für die tägliche Zeremonie brauchte die Kleidung nur angedeutet zu werden, Unter- und Obergewand wurden durch bunte Baumwollfäden symbolisiert, die Sudhir seinen Penaten umschlang.

Wenn er eine bestimmte Handlung vornahm, sagte er manchmal – mehr zu sich selbst als zu mir, wie mir schien –: »Das liebt Shiva« oder »Das liebt Parvati«, wie eine junge Mutter, die ihren Säugling in warmes Wasser setzt, sagt: »Das liebt er.« Es war eine wirkliche Gegenseitigkeit zwischen den im Bild anwesenden, ihm in die Hände gegebenen Gottheiten und ihm selbst vorhanden, hier wurde nicht einseitig ein Ritual abgewickelt. Aber selbst diese Vorstellung eines abgewickelten Rituals war wohl schon falsch, dazu besaß dies Ritual zu viel Kostbarkeit und Fülle – der war der Beschenkte, der es vollziehen durfte.

Nun wurde Weihrauch verbrannt, und dabei war es wichtig, daß die Stäbchen nicht an der heiligen Flamme der Butteröl-Kerze entzündet wurden. Das vielfältig verwendete Butteröl wurde mit einer Kräuter- und Gewürzmischung versetzt, die fertig aus einer Tüte kam, »Opfermischung« gleichsam, wie es bei uns in Kaffee-Geschäften oft eine »Jubiläums-Mischung« gibt. Ich mache solche Bemerkungen nicht, um die heiligen Handlungen Sudhirs irgendwie zu trivialisieren, sondern um zu zeigen, wie tief sie in die Alltagswelt hineinragten.

Ein besonderes Zucker-Opfer wurde dargebracht: Dazu bediente Sudhir sich eines langen Löffels, der wie eine Schreibfeder gehalten werden mußte. Die Götter erhielten nach allem Guten schließlich auch ein saftiges Betel-Paket, vom besten Betel-Händler der Stadt hergestellt, eine in ein frisches grünes Betelblatt eingewickelte Paste, die einem beim Hineinbeißen den Atem verschlug vor öliger Schärfe, es war, als habe man einen tiefen Zug aus einer Flasche mit besonders starkem Mundwasser getan.

Einem Sandelholzkästchen mit verschiedenen winzigen Parfümflakons wurde ein Parfüm-Opfer entnommen; Blumen und eine Kokosnuß waren schon dargeboten worden. Bei allen Gaben waren es stets die Handbewegungen, die das Opfern so sinnfällig machten, die ausgestreckte Hand, die die Gabe reichte und sich dann senkte und sie zu Füßen des Schreines hinabgleiten ließ, häufig legte Sudhir dabei den Daumen und den Zeigefinger zusammen, wie es die katholischen Priester tun, nachdem sie die konsekrierte Opfergabe berührt haben. Und wie bei den Christen war sein Gebet nach Osten gerichtet, von wo die Ankunft der Götter seit jeher erwartet wird. Die bis dahin verwendeten Flüssigkeiten, Milch und Wasser, wurden sorgfältig gesammelt, sie würden später in Erdreich, ein Blumenbeet vorzugsweise, gegossen werden, auch dies hatte eine Entsprechung im christlichen Kult.

Den Abschluß bildete die Feuer-Zeremonie, die Entzündung einer Butteröl-Lampe, die in großen blakenden Flammen brannte und vor dem Schrein kreisförmig geschwenkt wurde. Sudhir wies mich in seinem gelassen »Beiseite«-sprechenden Ton an, mir dazu den siebenzüngigen dreiköpfigen Gott Agni vorzustellen, und beim starken Flackern der Flammen gelang es mir leicht, dessen viele Zungen durch die Lüfte fahren zu sehen.

Wer kleine Kinder hat, kennt die Abendstunde, in der sie frisch gebadet, das Haar naß gekämmt, in ihren kleinen Bademänteln dasitzen und ihr Kinderabendessen zu sich nehmen, eine Stunde der Zufriedenheit, in der viele Aufregungen des Tages verblassen. In einem solchen Zustand der Zufriedenheit stellte ich mir die Götter vor, denen Sudhir heute morgen ein weiteres Mal seinen Dienst erwiesen hatte. Nach diesen Vorbereitungen aber begann seine eigentliche Andacht, das Hersagen der Mantras, das man solange treiben konnte, wie einem zumute war. Davor entließ er mich.

Das Mitteilbare hatte er mir mitgeteilt.

Ein mißglücktes Interview

Nach meinem Herbst in Bikaner kam ich nach Delhi und sah mich dort um. Dort erreichte mich die Bitte um ein Radio-Interview mit einer deutschen Redakteurin. Das Studio lag in einer nagelneuen Neobarock-Villa mit bronzierten verspiegelten Riesenglasscheiben; so wird in Delhi für bessere Leute gebaut. Die freundliche Damenstimme aus dem fernen Deutschland klang in meinem Kopfhörer, als komme sie aus dem Nachbarstudio.

»Wir haben nicht viel Zeit«, sagte sie vorbereitend, »ich würde deshalb gern schnell auf den Punkt kommen: Wie würden Sie einem Deutschen in wenigen Worten Indien beschreiben?«

Wer einmal in der Gefahr eines schweren Unfalls geschwebt hat, kennt das Erlebnis des vor ihm ablaufenden Bilderbogens seiner Lebensgeschichte in der Sekunde vor dem Aufprall. Mir erging es jetzt ähnlich: Ich sah in einer wilden Folge die Bilder meiner indischen Wochen vor mir; es war mir unmöglich, auch nur ein einziges davon festzuhalten. »Indien ist...«, sagte ich aus einer der Bilderfülle unmittelbar folgenden Geistesleere heraus, »nun, es ist... ich meine, eben Indien...« Das Interview scheiterte. Die Frage der Redakteurin hatte einen intellektuellen Kollaps ausgelöst.

Unbewältigtes hinterläßt eine gewisse Unruhe. Zu wiederholen war der Versuch freilich nicht, denn die Redakteurin interessierte sich inzwischen nicht mehr für Indien. Ich wünschte mir auch eine Fragerin, die nicht gleich alles im er-

sten Satz geklärt wissen wollte. Ein allmähliches Heranpir-
schen an das Wichtige, das wäre eine Frage-Technik gewesen, die mir gefallen hätte. Die erste Frage durfte ruhig eine
Allerweltsfrage sein, etwas, das jedem Fernsehgucker und
Zeitungsleser auf der Zunge läge. Zum Beispiel:»Man hört,
daß Indien dabei sei, den Abstand zu den westlichen Zivilisa-
tionen aufzuholen und den Westen womöglich sogar eines
Tages zu überflügeln. Ist das auch Ihr Eindruck?«
Darauf hätte ich antworten können:»Mein Eindruck ist auf
ein enges Feld beschränkt. Ich habe mich nicht in einem der
industriellen Zentren des Landes aufgehalten, ich habe nicht
mit einem der 700.000 Computer-Spezialisten gesprochen,
ich habe keine Außenhandelsstatistik studiert. Ich war in
einer Kleinstadt, als Gast eines Ehepaares aus der akademi-
schen Bourgeoisie. Diese Leute bewohnten eine Villa, die
aussah wie überall in Lateinamerika, Afrika und Asien die
Häuser wohlhabender Leute aussehen. Das ästhetische Vorbild ist der Bunker. Die Möbel im Haus entstammten Möbel-
geschäften, wie sie so ähnlich auch um unsere Städte und Ge-
meinden einen Kranz gelegt haben. Das elegante Paar, das in
Jeans und leichten Pullovern aus dem Tor trat, als mein Auto
hielt, hätte aus Südfrankreich stammen können. In der Halle
des Hauses lief unablässig der Fernseher mit Cricket-Sendun-
gen, er war leise gestellt, um dem Hauspersonal den ganzen
Tag zu erlauben, die letzten Zuspitzungen dieses für jeden, der
nicht einer von Angelsachsen unterworfenen Nation angehört, unbegreiflichen Spiels zu verfolgen. Das Mobiltelephon war allgegenwärtig; in der Stadt hörte ich einmal sogar
aus dem Kasten eines besonders abgerissenen Schuhputzers
dieselbe Melodie quäken, die mir schon in Deutschland ver-

haßt ist. Die Zimmer waren von Neonröhren beleuchtet, und obwohl es viele Hände gab, die Wäsche wuschen, lagen Plastiktischdecken auf den Tischen. Erinnern Sie sich, daß Rußlandreisenden vor dem Fall der Mauer geraten wurde, viele Kugelschreiber als kleines Geschenk an Kinder und Hotelpersonal mitzunehmen? Als ich Bikaner verließ, machte jeder der Diener des Hauses mir ein Erinnerungsgeschenk: Jeder der fünf schenkte einen Kugelschreiber. Die Autos auf den Straßen waren neu, japanische und koreanische Modelle, der heimische Ambassador, eines der schönsten gegenwärtig gebauten Autos und Zeugnis des Protektionismus unter Indira Gandhi, war beinahe nur noch als Beamten-Dienstwagen in Gebrauch. Bargeld ließ sich auch in Bikaner aus dem Automaten zapfen. Wenn das Westen ist, dann ist Indien jetzt schon sehr westlich.«

Meine herzensgute, menschenliebende Fragerin würde sich davon aber nicht beruhigen lassen. »Wie ist es dann möglich, daß soviel Krankheit und Schmutz die öffentliche Erscheinung Indiens bestimmt?«

»Bedenken Sie, ich habe mich jetzt in Bikaner aufgehalten«, würde ich ihr antworten, »eine Stadt in der Wüste. Soweit man Schmutz mit Schlamm, Schlick und Schmiere verbindet, wird im Ausgetrockneten davon viel weniger zu sehen sein als in den wassertriefenden Regionen Bengalens und Bihars. Dennoch ist der Dreck allgegenwärtig in einer Stadt, in der man überall auf Abfallhaufen stößt. Der schönste Anblick, den Indien bietet: ein Teich, in dem Büffel baden und Seerosen treiben, an seinem Ufer ein kleiner Tempel mit flatternder Fahne, darüber das Blätterdach eines mächtigen Baumes, ein Priester, der die Glocke läutet – aber auf dem

Teich werden unfehlbar die Plastiktüten treiben und ein verdorbener Dunst wird über dem Ganzen liegen. Nicht nur wegen der Plastiktüten halte ich aber für möglich, daß diese Formen allgegenwärtiger Verkommenheit in der Geschichte Indiens ein Zeichen der Moderne sind, Zeugnis einer Erschütterung, die der Zusammenprall mit industriellen Produktionsformen hervorgerufen hat. Auch Europa wurde schmutzig, als es sich zu industrialisieren begann; die Städte lagen unter Rußglocken, und die Flüsse wurden zu Kloaken. Bei einem Volk, oder bei Völkern, wie man in Indien besser sagen sollte, die geradezu eine Wissenschaft aus dem Waschen des Körpers machten und sich frühzeitig große medizinische Kenntnisse erwarben, kann diese allerorten zu findende Vernachlässigung jedenfalls nicht zur Tradition gehören.

Die Fragerin hat sich ein Wort notiert, das sie unbedingt zur Sprache bringen möchte: Fatalismus. »Ist diese Duldsamkeit und Gleichgültigkeit angesichts lebensbedrohender Mißstände nicht auch eine Folge des Fatalismus?«

»Man macht einen orientalischen Fatalismus seit jeher für Lethargie und Entschlußunfähigkeit in diesen Völkern verantwortlich und vergißt dabei, daß Fatalismus auch ganz andere Folgen haben kann. Der Calvinismus ist gleichfalls ein Fatalismus und hat riesige ökonomische Energien entfesselt. Das Bewußtsein, alles auf Erden sei von Anbeginn in einem großen Buch festgelegt, befreit auch von Bedenken und Schuld. Vielleicht besteht der geschäftliche Erfolg mancher indischer Industriezweige gegenwärtig in nichts anderem als einem Umschlag des orientalischen in einen amerikanischen Fatalismus.« Was ich der Fragerin lieber nicht bekennen würde, wäre mein Verdacht, daß es in Indien auch ein gleichsam philosophisches Verhältnis zum Dreck gebe. Ich stelle mir vor, daß es einen indischen Blick auf die Wirklichkeit gibt, der sich nicht immerfort fragt, was daran zu verändern sei, sondern der sie als eine Schrift liest, die eine Botschaft vermittelt. Wo alles etwas bedeutet, muß auch der Dreck aussagekräftig sein. Dreck zu beseitigen hieße dann Wirklichkeit zu vernichten, oder schlimmer noch, Wirklichkeit, die fortfährt zu bestehen, unsichtbar zu machen. Wer etwas Störendes um eines vermeintlichen Ideals willen beseitigt, beraubt sich des Anblicks der Vollständigkeit, die das einzige wirkliche Ideal sein kann.

Wenn ich in Bikaner mit Leuten sprach, die irgendwie, und sei es aus der Ferne, mit westlichen Ausbildungsprinzipien in Berührung gekommen waren, fiel mir immer wieder eine Art Naivität auf, eine Ungelenkheit im Umgang mit den Begriffen westlichen Denkens, die etwas Mechanistisches verriet, die bloße Übernahme eines der eigenen Welt zutiefst fremden Denk-Systems. Je länger ich das tägliche Leben der kleinen Stadt kennenlernte, desto stärker überzeugte ich mich davon, daß die Intellektualität, an der diese Leute von ihrer Überlieferung her teilhatten, die Abstraktionen vermied und statt dessen ganz und gar nach außen, auf die konkreten Erscheinungen der Außenwelt gerichtet war. Ihr Denken bestand in einem Benennen und wollte alle Nuancen der Wirklichkeit sichtbar machen, es wollte nicht vereinheitlichen, sondern es wollte zu einer möglichst lückenlosen Vergegenständlichung jeder Seinsregung gelangen. Die mehr als dreitausend Abstufungen des Kasten-Systems übersetzten psychologische und anthropologische Kategorien ins sinnlich Praktische. Das Fortwuchern der Mythologien verhinderte jede theologische Abstraktion – Indien heute glich einem Griechenland, wie Pausanias es beschreibt, in dem jeder Weiler und jedes Dorf andere Kulte und andere Personwerdungen des Göttlichen beheimatet, und in dem starke Widersprüche innerhalb des Religiösen als Annäherung an die Schau des Vollständigen begrüßt werden. Das Lexikon indischer Vornamen hatte viele hundert Seiten. Farben und Gewürze, die Vielfalt der Sprachen, der Kleidung, der Bedeutung aller Alltagsgegenstände ließen die Außenwelt als Innenwelt eines gigantischen, in beständigen Differenzierungen begriffenen Göttergehirns erscheinen. Die gesamte Geographie Indiens war religiös durchformt, die Bergzüge Offenbarungen, die Flüsse Geistesadern. Man liebte Begriffe, aber nicht, um wie im Westen zur Zusammenfassung der Phänomene zu gelangen, sondern im Gegenteil, um womöglich jeden vorstellbaren Spezialfall mit einem eigenen Begriff zu erfassen. Dieser Begriff gewann an Gewicht, wo die sinnliche Anschauung sich so stark verkleinerte, daß sie zu entschwinden und den sinnlichen Organen zu entgleiten drohte.

Erforderlich für die Wahrnehmung war deshalb vor allem, möglichst viele dieser Spezialbegriffe zu kennen. Sanskrit, die heilige Sprache, besaß offenbar unbeschränkte Möglichkeiten der Begriffsbildung in langen wohlklingenden Silbenketten, deren häufigster Vokal das strahlende A war. Nachdem ich meinem Gastgeber eine Weile zugehört hatte, hätte es mich nicht mehr gewundert, wenn ihm ein eigener Terminus für »die Enttäuschung, daß der Tee in der Tasse nicht heiß, sondern kalt ist« oder für »die hinter Redseligkeit verborgene Verschwiegenheit« bekannt gewesen wäre. Wenn er in meinen Büchern über indische Religion und Philosophie blätterte, Werke der berühmtesten europäischen Indologen, und wenn er darin etwas Bestimmtes nachschlug, kam er stets zu dem Ergebnis: »Ganz richtig ist es nicht, sie sagen es zu einfach.«

Hier könnte die Fragerin freilich einhaken. »Aber wie steht es denn mit der Lebendigkeit dieses Riesenwissens, in dem die indische Realität mit ihrem unüberschaubaren Begriffsapparat ruht, wie steht es mit der Kenntnis der zahllosen Götter, die den indischen Himmel bevölkern? Ist dieses Wissen denn noch irgend jemandem wirklich präsent?«

Ich müßte dann auf die kühle Feststellung meines Gastgebers verweisen, daß dieses Wissen tatsächlich gegenwärtig verloren gehe. Aber man täusche sich nicht: Die Kultur und Mentalität, die von einer bestimmten Form des Denkens hervorgebracht werden, überdauern noch lange deren Untergang oder Verlöschen. Wenn die Inder ihre ererbte Form des Denkens hinter sich lassen, heißt das nicht, daß sie deswegen Europäer oder Amerikaner werden. Wer das Eigene verloren hat, muß deswegen nicht fähig werden, das Fremde in Besitz zu nehmen.

»Das also ist ihr Resümee zum wirtschaftlichen Aufstieg Indiens?« Vielleicht würde diese Frage leicht ironisch klingen. Und ich würde antworten: »Gewiß – oder vielmehr nein, aber doch in einem bestimmten Sinne...« Kurzum, auch dieses Interview müßte man schließlich wohl als gescheitert ansehen.

Inhaltsverzeichnis

Der stinkende Gürtel   7

Der Sandsturm   15

Die Apotheose eines Schauspielers   22

Der Rattentempel von Deshnok   30

Der Haushofmeister und sein Stab   37

Das Picknick   45

Das Fasten für die Ehemänner   53

Der Geschmack der reichen Leute   61

Ein Schriftsteller empfängt   68

Ein Denkmal für den König   76

Am Ufer des Saraswati   84

Das Besuchen   92

Das Färben   101

Das Haus Kothari   109

Bairov, der Herr der wilden Hunde   117

Das Personal gratuliert   125

Der Heilige vom Shiva-Tempel   133

Die Kasten   141

Zwei Hindus   150

Das morgendliche Puja   158

Ein mißglücktes Interview   166